Robert Castel

# Die Stärkung des Sozialen

## Leben im neuen Wohlfahrtsstaat

Aus dem Französischen
von Michael Tillmann

Hamburger Edition

Hamburger Edition HIS Verlagsges. mbH
Mittelweg 36
20148 Hamburg

© der deutschen Ausgabe 2005 by Hamburger Edition
© der Originalausgabe 2003 by Éditions du Seuil
und La République des Idées, Paris
Titel der französischen Ausgabe:
»L'insécurité sociale. Qu'est-ce qu'être protegé?«

Redaktion: Kerstin Eitner
Umschlaggestaltung: Wilfried Gandras
Typographie und Herstellung: Jan Enns
Satz: aus Sabon von
Pinkuin Satz und Datentechnik, Berlin
Druck und Bindung: Clausen & Bosse, Leck
Printed in Germany
ISBN 3-936096-51-1
1. Auflage März 2005

# Inhalt

| | |
|---|---:|
| **Einleitung** | 7 |
| **Bürgerliche Sicherheit im Rechtsstaat** | 13 |
| Moderne und Verwundbarkeit | 15 |
| Öffentliche Sicherheit und Freiheitsrechte | 25 |
| **Soziale Sicherheit im Sozialstaat** | 33 |
| Eigentum oder Arbeit | 35 |
| Eine Gesellschaft der Ähnlichen | 44 |
| **Die Rückkehr der Unsicherheit** | 54 |
| Individualisierung und Entkollektivierung | 56 |
| Die Wiederkehr der gefährlichen Klassen | 65 |
| **Eine neue Risikoproblematik** | 81 |
| Risiken, Gefahren, Schädigungen | 82 |
| Privatisierung oder Kollektivierung der Risiken | 89 |
| **Wie läßt sich die soziale Unsicherheit bekämpfen?** | 96 |
| Umgestaltung des Sozialversicherungssystems | 97 |
| Sicherung der Beschäftigung | 115 |
| **Schluß** | 127 |

# Einleitung

In modernen Gesellschaften lassen sich zwei Grundarten von Sicherungssystemen unterscheiden. Im Rahmen eines Rechtsstaates garantieren die bürgerlichen Schutzbestimmungen die grundlegenden Freiheiten und die Unversehrtheit von Eigentum und Personen. Die sozialen Sicherungssysteme »schützen« demgegenüber vor den wesentlichen Risiken, die die Lebenssituation der Menschen nachhaltig beeinträchtigen könnten. Dazu zählen etwa Krankheiten, Unfälle, Altersarmut – jene Wechselfälle des Lebens, die schlimmstenfalls sogar zu sozialer Verelendung führen können. Zumindest in den entwickelten Ländern leben wir also in doppelter Hinsicht fraglos in Gesellschaften, die zu den sichersten zählen, die es je gab. Unzureichend befriedete und von inneren Kämpfen zerrissene Gemeinschaften, in denen die Justiz oberflächlich arbeitet und Willkür an der Tagesordnung ist, erscheinen vom Standpunkt eines Westeuropäers oder eines Nordamerikaners als das Erbe einer längst versunkenen Vergangenheit. Selbst das Gespenst des Krieges und seiner Greuel ist verschwunden: Heute geht es nur noch an den Grenzen der »zivilisierten« Welt um und wütet dort manchmal. Auch ständige soziale Unsicherheit, verursacht durch die grundsätzliche Verwundbarkeit der Lebensbedingungen, ist nicht mehr Teil unseres Alltags. Früher verdammte sie einen Großteil des Volkes dazu, jeden Tag aufs neue ums Überleben zu kämpfen und dabei selbst dem kleinsten Unglücksfall hilflos ausgeliefert zu sein. Heute verläuft unser Leben von der Wiege bis zur Bahre nicht mehr ohne Sicherungsnetze. Eine »soziale Sicherheit«, die ihren Namen verdient, ist für die große Mehrheit der Bevölkerung zu einem Grundrecht geworden. Sie hat unzählige Einrichtungen hervorgebracht, die für Gesundheit, Erziehung, altersbedingte Gebrechen, körperliche und geistige Behinderungen zuständig sind. Diese Entwicklung hat ein solches Ausmaß angenommen, daß man solche Gesellschaften manchmal als »Sozialversicherungsstaaten« bezeichnet, die – gewissermaßen von Rechts wegen – die Sicherheit ihrer Mitglieder *garantieren*.

Und dennoch: Obwohl diese Gesellschaften von Sicherungssystemen umgeben und durchzogen sind, bleiben die Sorgen um die Sicherheit allgegenwärtig. Dieser beunruhigenden Einsicht kann man nicht einfach dadurch ausweichen, daß man das Gefühl der Unsicherheit zu einer bloßen Wahnvorstellung der Bessergestellten erklärt, die den Preis an Blut und Tränen vergessen und aus den Augen verloren haben, wie grausam und unerbittlich das Leben in früheren Zeiten war. Dieses Gefühl zeitigt derartige soziale und politische Wirkungen, daß es unbestreitbar Teil unseres Alltags ist und zu großen Teilen sogar unsere soziale Erfahrung strukturiert. Es läßt sich nicht leugnen: Obwohl die schlimmsten Auswüchse von Gewalt und sozialer Verelendung weitgehend eingedämmt wurden, beschäftigt die Sorge um die Sicherheit immer noch weite Teile der Bevölkerung.

Wie kann man dieses Paradox erklären? Es ließe sich die Hypothese aufstellen, daß man Unsicherheit und Sicherungsleistungen nicht als Gegensatz begreifen sollte, so als gehörten sie zwei unterschiedlichen Bereichen der kollektiven Erfahrung an. Der Grund für die heutige Unsicherheit wäre dann nicht der Mangel an Sicherungsleistungen, sondern vielmehr deren Kehrseite – gleichsam ihr Schatten, der in eine soziale Welt hineinreicht, die sich rund um ein endloses Streben nach Schutz und eine verzweifelte Suche nach Sicherheit organisiert hat. Was bedeutet es unter solchen Bedingungen, abgesichert zu sein? Es bedeutet jedenfalls nicht, daß man es sich in der Gewißheit bequem machen kann, allen Lebensrisiken aus dem Weg gehen zu können, sondern vielmehr, daß man umgeben von Systemen zur Absicherung lebt, die ebenso komplexe wie anfällige Konstruktionen sind. Diese Versorgungssysteme bergen das Risiko, an ihrer eigenen Aufgabe zu scheitern und die geweckten Erwartungen zu enttäuschen. Die Suche nach Sicherheit erzeugt demnach selbst Unsicherheit, denn das Gefühl der Unsicherheit ist keine unmittelbare Gegebenheit des Bewußtseins. Es paßt sich vielmehr unterschiedlichen historischen Konfigurationen an, weil Sicherheit und Unsicherheit *in einem spezifischen Verhältnis* zu den Sicherungsstrukturen stehen, die eine Gesellschaft in angemessener Form bietet oder eben nicht. Anders ausgedrückt: Heute bedeutet *abgesichert* zugleich eben auch *bedroht zu sein*. Die Herausforderung besteht also darin, die spezifische Konfiguration dieser ambivalenten Beziehungen zwischen Schutz und Unsicherheit, zwischen Versicherung und Risiko in der modernen Gesellschaft besser zu begreifen.

Leitgedanke der folgenden Analyse ist, daß die

modernen Gesellschaften auf dem Nährboden der Unsicherheit gewachsen sind, weil sie aus Individuen bestehen, die weder in sich selbst noch in ihrem unmittelbaren Umfeld die Ressourcen finden, die sie zuverlässig absichern würden. Es ist sicher richtig, daß diese Gesellschaften sich der Aufwertung des Individuums verschrieben haben. Damit haben sie es gleichzeitig aber auch anfälliger gemacht. Insofern hängt die Suche nach Schutzsystemen eng mit der Entwicklung dieser Gesellschaften zusammen. In mancherlei Hinsicht ähnelt dieses Streben jedoch dem verzweifelten Versuch, das Danaidenfaß zu füllen, aus dem die Gefahr immer wieder aufs neue sickert. Das Gefühl der Unsicherheit entspricht nicht exakt den tatsächlichen Gefahren, denen eine Bevölkerung ausgesetzt ist. Es handelt sich vielmehr um die Kluft zwischen einer gesellschaftlich konstruierten Sicherheitserwartung und dem tatsächlichen Vermögen einer Gesellschaft, die Sicherungsleistungen in die Praxis umzusetzen. Kurzum: Die Unsicherheit ist zu weiten Teilen die Kehrseite der Medaille einer Gesellschaft, die ganz auf Sicherheit setzt.

Eigentlich müßte an dieser Stelle die Geschichte der Schutzsysteme und ihrer Veränderungen bis in unsere Zeit nachgezeichnet werden, da diese aufgrund der zunehmenden Komplexität jener Risiken, die sie eigentlich eindämmen sollen, wie auch wegen der Entstehung neuer Risiken und neuer Formen der Risikosensibilität in ihrer Leistungsfähigkeit offensichtlich beeinträchtigt sind. Ein solches Vorhaben kann hier natürlich nicht vollständig verwirklicht werden. Wir wollen daher diese Entwicklung lediglich von dem Moment an skizzieren, da sich die Sicherheitsproblematik im Zusammenhang mit der Figur des modernen Individuums und der Erfahrung seiner Verwundbarkeit neu definiert. Wir werden jedoch auch auf den Unterschied zwischen den beiden Arten der »Absicherung« zu sprechen kommen, mit denen man versucht, die Unsicherheit in den Griff zu bekommen. Da ist einerseits die Problematik der bürgerlichen und rechtlichen Schutzbestimmungen. Diese verweist auf die rechtsstaatliche Verfassung und betrifft die Schwierigkeiten bei dem Versuch, sie so genau wie möglich den Anforderungen des täglichen Lebens anzupassen. Darüber hinaus gibt es aber auch die Problematik der sozialen Versorgungsleistungen. Diese verweist auf die Errichtung eines Sozialstaates und auf dessen Schwierigkeiten, alle Individuen vor den wichtigsten sozialen Risiken zu schützen. Wir hoffen, daß die Frage der gegenwärtigen Unsicherheit an Klarheit gewinnt, wenn man die Art der Hindernisse näher betrachtet, die in beiden Bereichen der Verwirklichung eines umfassenden Sicherheitsprogramms im Wege stehen, und wenn man sich bewußt macht, daß sich die beiden Sicherungssysteme unmöglich vollständig decken können.

Vielleicht werden wir im Anschluß daran besser verstehen, warum die Struktur der Sicherungssysteme selbst ein Gefühl unzureichender Sicherheit erzeugt, das Gesellschaften innewohnt, die sich um das Streben nach Sicherheit herum konstruieren. Sie tut dies in zweierlei Hinsicht. Zum einen läßt sich das angestrebte Sicherungsniveau nie vollständig erreichen, was Enttäuschungen und Ressentiments hervorruft. Zum anderen rücken neue Gefährdungen ins Blickfeld, wenn bestimmte Risiken mehr oder weniger erfolgreich bekämpft worden sind. Das ist heute der Fall, da der Risikobegriff immer weitere Kreise zieht. Eine derart gesteigerte Sensibilität für Risiken zeigt deutlich, daß Sicherheit niemals gegeben ist oder erreicht werden kann. Das Streben nach Sicherheit richtet sich immer wieder auf neue Bereiche und stellt in dem Maße neue Anforderungen, wie das Erreichen der vorherigen Ziele in greifbare Nähe rückt. Wenn man über die bürgerlichen und sozialen Sicherungssysteme nachdenkt, gelangt man unweigerlich auch zu der Frage, warum heute eine *Aversion gegen Risiken* derart weit verbreitet ist und dazu führt, daß das moderne Individuum sich niemals völlig sicher fühlen kann. Was kann uns denn überhaupt Sicherheit bieten (außer Gott oder der Tod), wenn wir alle Unwägbarkeiten des Lebens beherrschen müssen, um voll und ganz in Frieden zu leben?

Die Erkenntnis, daß das Sicherheitsstreben in unseren Gesellschaften eine im Grunde unendliche Dimension besitzt, sollte jedoch nicht dazu verleiten, die Legitimität dieser Suche in Frage zu stellen, im Gegenteil. Es handelt sich um eine kritische Etappe, deren Bewältigung notwendig ist, um den heute erforderlichen Schritt zu tun und sich so realistisch wie möglich den Unsicherheiten zu stellen: Die Faktoren gesellschaftlicher Auflösungserscheinungen, die für die bürgerliche Unsicherheit verantwortlich sind, müssen ebenso bekämpft werden wie die soziale Unsicherheit. Man wird sich ganz gewiß nicht von allen Gefahren befreien können. Vielleicht ergibt sich daraus jedoch die Möglichkeit, in einer weniger ungerechten, menschlicheren Welt zu leben.

# Bürgerliche Sicherheit
# im Rechtsstaat

Wir setzen voraus, daß es unterschiedliche historische Unsicherheitskonfigurationen gibt, von denen manche als »prämodern« bezeichnet werden können. Wenn Familien-, Herkunfts- und Gruppenbindungen dominieren und das Individuum durch seine Stellung in einer Hierarchieordnung definiert ist, bietet vor allem die unmittelbare Zugehörigkeit zu einer Gemeinschaft einen Schutz, der von der Stärke dieser Gemeinschaftsbindungen abhängt. In diesem Fall kann man also von *familiären und nachbarschaftlichen Netzwerken* sprechen. So bezeichnet Georges Duby die bäuerlichen Gemeinschaften, die im Mittelalter in Westeuropa vorherrschten, als »kontrollierte, gesicherte, vermögende Gesellschaften«.[1] Parallel dazu sind die Mitglieder städtischer Berufskörperschaften (Gilden, Zünfte, Genossenschaften) in solide Systeme eingebunden, die Zwang und Schutz zugleich sind. Sie garantieren ihren Mitgliedern Sicherheit um den Preis der Abhängigkeit von der Gruppe, der sie angehören. Diese Gesellschaften sind unablässig den Verheerungen des Krieges und der Gefahr von Bedürftigkeit, Hungersnöten und

---

1 Georges Duby, *Les pauvres des campagnes dans l'Occident médiéval jusqu'au XIIe siècle*, in: Revue d'histoire de l'Église en France, Bd. LII, 1996, S. 25.

Epidemien ausgesetzt. Dabei handelt es sich jedoch um Bedrohungen, die die Gemeinschaft von außen gefährden und sie schlimmstenfalls sogar auslöschen können. Von innen sind sie demgegenüber, wie es bei Duby heißt, »gesichert«: Sie schützen ihre Mitglieder durch engmaschige Netze wechselseitiger Abhängigkeiten.

In diesen Gesellschaften, die wir hier nur in stark vereinfachter Form beschreiben können, gab es natürlich auch eine *innere Unsicherheit*. Sie ging jedoch nur von Individuen und Gruppen aus, die aus den gemeinschaftlichen Abhängigkeits- und Sicherungssystemen herausgefallen waren. In den vorindustriellen Gesellschaften Europas kristallisierte sich diese Gefahr in der Figur des Landstreichers, das bindungslose Individuum schlechthin, das weder einen festen Wohnsitz hat noch einer geregelten Arbeit nachgeht. Das Landstreicherproblem war die große soziale Frage dieser Gesellschaften. Sie löste unzählige, vor allem repressive Maßnahmen aus, mit denen man – allerdings vergeblich – versuchte, die Gefahr der inneren Subversion und die Bedrohung der alltäglichen Sicherheit auszurotten, als die die Landstreicher gemeinhin galten. Wollte man eine Geschichte der Unsicherheit und ihrer Bekämpfung in den vorindustriellen Gesellschaften schreiben, würden der Landstreicher, der stets als potentiell bedrohlich betrachtet wurde, und seine offen gefährlichen Varianten in Gestalt des Räubers, Banditen und *outlaws* die Hauptrolle spielen. Bei all diesen Figuren handelt es sich um Individuen ohne Bindungen, die die Gefahr physischer Aggression und sozialer Ablösung ver-

körpern, weil sie außerhalb eines Systems kollektiver
Regelungen existieren und agieren.

## Moderne und Verwundbarkeit

Im Verlauf der Moderne ändert sich der Status des Individuums grundlegend. Nun wird es, unabhängig von
seiner Zugehörigkeit zu Gruppen oder Gemeinschaften, um seiner selbst willen anerkannt. Das bedeutet
jedoch nicht, daß es sich seiner Unabhängigkeit sicher
sein kann, im Gegenteil. Thomas Hobbes hat wohl als
erster mit einem so erschreckenden wie faszinierenden
Bild beschrieben, wie eine »*Gesellschaft von Individuen*« wirklich aussähe. Als Zeitzeuge der Religions-
kriege in Frankreich und des englischen Bürgerkrieges
wußte er, was es bedeutet, wenn eine soziale Ordnung,
die auf kollektiven Zugehörigkeiten gründet und ihre
Legitimation aus traditionellen Glaubensüberzeugun-
gen bezieht, auseinanderbricht. Diese Dynamik der
Individualisierung denkt er bis zum Ende, bis zu dem
Punkt, da sie die Individuen völlig sich selbst überläßt.
Eine Gesellschaft von Individuen wäre im Grunde
keine Gesellschaft mehr, sondern ein Naturzustand
ohne Gesetz oder Recht, politische Verfaßtheit oder
gesellschaftliche Institutionen, preisgegeben an eine
ungezügelte Konkurrenz zwischen den Individuen, an
den Krieg aller gegen alle.

Es wäre de facto eine *Gesellschaft der umfassenden Unsicherheit*. Ohne kollektive Regularien leben
die Individuen in ständiger Bedrohung, weil sie in
sich selbst nicht die Kraft finden, andere und sich

selbst zu schützen. Nicht einmal das Recht des Stärkeren würde eine solche Situation stabilisieren: David könnte Goliath töten. Selbst der Starke könnte vernichtet werden, und sei es durch einen Schwächeren, der den Mut hat, ihn im Schlaf zu ermorden. Vor diesem Hintergrund wird verständlich, daß das Sicherheitsbedürfnis zu einem kategorischen Imperativ wird und diesem, koste es, was es wolle, Rechnung getragen werden muß, um in einer Gesellschaft leben zu können. Ihrem ganzen Wesen nach handelt es sich dabei um eine Gesellschaft, die Sicherheit in den Mittelpunkt stellt, weil sie die unerläßliche Grundvoraussetzung dafür ist, daß Individuen gesellschaftlich verbunden bleiben, obwohl sie sich aus dem traditionellen System von Zwängen und Sicherungsleistungen gelöst haben.

Bekanntlich hat Hobbes im absoluten Staat das einzige Mittel gesehen, das diese Sicherheit von Personen und Eigentum garantieren könne, weswegen er zumeist auch nicht besonders hoch im Kurs steht. Man braucht wohl ein wenig von dem gedanklichen Mut eines Hobbes, um für einen Moment dem legitimen Schrecken, den der Despotismus des Leviathan einflößt, Einhalt zu gebieten. Dann versteht man, daß dieser nur die allerletzte, aber notwendige Antwort auf die Forderung nach vollständigem Schutz darstellt, die auf ein tief in der menschlichen Natur verwurzeltes Sicherheitsbedürfnis zurückgeht. Nach Hobbes ist die extreme Staatsmacht gut, weil sie dem Schutz dient und dadurch Sicherheit bietet.[2] Auch Max Weber, des-

---

2 Thomas Hobbes, Leviathan, Stuttgart 1970.

sen nuanciertere Staatsdefinition keine Kontroverse ausgelöst hat, vertritt die Ansicht, daß der Staat das Gewaltmonopol innehaben müsse. Vor allem gibt es aber eine Kehrseite der Hobbesschen Analyse, auf die seltener hingewiesen wird. Dadurch, daß der absolute Staat alle notwendigen Ressourcen mobilisiert, um die Menschen zu regieren, und also alle politischen Kräfte monopolisiert, *nimmt* er *den Individuen* die Angst und ermöglicht es ihnen, sich in der Privatsphäre frei zu bewegen. Der schreckenerregende Leviathan bezeichnet eben auch jene obrigkeitsstaatliche Macht, durch die das Individuum erst nach seiner Fasson selig werden und *in seinem Innersten* denken kann, was ihm beliebt. Diese *Gewissensfreiheit* bewirkt, daß gegensätzliche religiöse Überzeugungen respektiert werden (was in einer Zeit des religiösen Fanatismus eine nicht eben geringe Leistung ist) und daß jeder die Möglichkeit besitzt, nach seinen Vorstellungen zu handeln und in Frieden von den Früchten seiner Arbeit zu leben. Der Preis dafür ist hoch, da man auf eine Teilnahme an den öffentlichen Angelegenheiten völlig verzichten und sich damit zufriedengeben muß, die politische Macht einfach hinzunehmen. Aber die Folgen, die sich daraus ergeben, sind auch nicht zu vernachlässigen, denn es ist die Existenzbedingung einer bürgerlichen Gesellschaft und eines zivilen Friedens, die allein ein absoluter Staat garantieren kann. Unter dem Schutz des Staates kann der moderne Mensch seine Subjektivität frei entfalten, sich die Natur untertan machen, diese durch seine Arbeit verwandeln und seine Unabhängigkeit auf seinen Besitztümern begründen. Außerdem weist Hobbes sogar mit Nachdruck auf die Notwendigkeit einer sozialen Fürsorgepflicht des Staates für bedürftige Individuen hin:

Weil aber auch viele ohne ihre Schuld durch unvorhergesehene Zufälle in einen solchen Zustand geraten können, daß sie sich ihren Unterhalt auf keine Weise selbst zu verschaffen vermögen, muß der Oberherr dafür sorgen, daß diese an den notwendigsten Bedürfnissen keinen Mangel leiden.[3]

Es geht mir hier nicht darum, für Thomas Hobbes Partei zu ergreifen. Ich bin lediglich der Ansicht, daß er ein ausgesprochen überzeugendes Erklärungsschema entwickelt hat, um der Frage der Schutzfunktionen in den modernen Gesellschaften auf den Grund zu gehen. Geschützt zu sein ist kein »natürlicher« Zustand. Es handelt sich vielmehr um eine konstruierte Situation, weil die Unsicherheit keine mehr oder weniger zufällige Peripetie darstellt, sondern einen wesentlichen Bestandteil des Zusammenlebens von Individuen in einer modernen Gesellschaft. Das Zusammenleben mit anderen ist sicherlich eine Chance, allein schon weil es nötig ist, um eine Gesellschaft zu bilden. All jenen zum Trotz, die ein wenig blauäugig die Verdienste der Zivilgesellschaft preisen, ist es aber auch eine Bedrohung, zumindest wenn keine »unsichtbare Hand« die Interessen, Begehrlichkeiten und das Machtstreben der Individuen harmonisch aufeinander abstimmt. Daher ist ein *Sicherungskonstrukt* notwendig, das mehr tut, als lediglich die unmittelbaren Modalitäten des Zusammenlebens festzuschreiben. Ein solches System hat allerdings seinen Preis. Hobbes hat ihn sehr hoch, ohne Zweifel zu hoch, veranschlagt.

---

3 Ebenda, S. 287.

Wenn Unsicherheit jedoch tatsächlich ein wesentlicher Bestandteil einer Gesellschaft von Individuen ist und bekämpft werden muß, damit ein Miteinander innerhalb eines organisierten Ganzen überhaupt möglich ist, dann erfordert dies ein Arsenal an keineswegs harmlosen Mitteln. Dazu gehört zuallererst ein Staat, der über eine effektive Machtfülle verfügt, um diese Aufgabe als Schutzinstanz und Sicherheitsgarant erfüllen zu können.

Hobbes mag im übrigen einen zweifelhaften Ruf genießen. Bei genauerer Betrachtung nimmt er jedoch nur auf paradoxe und provozierende Weise einen Gutteil dessen vorweg, was später zum liberalen Allgemeingut werden sollte und sich bis in unsere Tage verfolgen läßt. Das beste Beispiel dafür ist John Locke, der als eher gutmütiger Vater des Liberalismus gilt. Dreißig Jahre nach Hobbes besingt Locke den modernen Menschen, der sich durch die freie Entfaltung seiner Tätigkeiten seine Unabhängigkeit erarbeitet und so gleichzeitig zum Besitzer einer selbst und seiner Güter wird:

[Der Mensch ist] Herr seiner selbst [...] und Eigentümer seiner eigenen Person und ihrer Handlungen oder Arbeit.[4]

---

4 John Locke, Über die Regierung (1669), Stuttgart 1974, § 44. Dieses Modell des Eigentums als Garant für Unabhängigkeit findet sich auch bei James Harrington (1611–1677), der darin die Voraussetzung sieht, daß die Mitglieder eines Staates ihre politischen Bürgerschaftsrechte frei ausüben können (vgl. James Harrington, Oceana, hrsg. von Hermann Kleiner und Klaus Udo Szudra, Leipzig 1991).

Nun, da das Individuum nicht mehr in traditionelle Abhängigkeits- und Sicherungsnetze eingebunden ist, *erfüllt statt dessen das Eigentum deren Schutzfunktion.* Das Eigentum bildet den Eckpfeiler der Ressourcen, die es einem Individuum ermöglichen, für sich selbst zu existieren und weder auf einen Herrn noch auf die Barmherzigkeit Dritter angewiesen zu sein. Der Besitz bietet nunmehr eine Absicherung gegen die Wechselfälle des Lebens, gegen Krankheiten, Unfälle und die Not jener, die nicht mehr arbeiten können. Von dem Moment an, da der Bürger seine politischen Vertreter wählen darf, ist es auch der Besitz, der seine Autonomie garantiert. Dadurch ist er in seinen Meinungen und Entscheidungen frei. Man kann ihn weder bestechen, um sich seiner Stimme zu versichern, noch einschüchtern, um sich eine Wahlklientel zu verschaffen. In einem modernen Staat ist der Besitz, den Locke hier beschreibt, die notwendige Basis, dank deren der Bürger als solcher in seiner Unabhängigkeit anerkannt werden kann.

Locke ist sich allerdings auch bewußt, daß diese gesellschaftliche Souveränität des Eigentümers an sich nicht ausreicht und daß ein Staat notwendig ist, damit das Individuum die Freiheit erlangt, seine Geschäfte zu entwickeln und in Frieden von den Früchten seiner Arbeit zu leben. Darin sieht Locke gar den Grundstein des gesellschaftlichen Paktes, die unbedingte Notwendigkeit einer politischen Verfaßtheit:

Das große und hauptsächliche Ziel also, zu dem sich Menschen in Staatswesen zusammenschließen und sich unter eine Regierung stellen, ist die Erhaltung ihres Eigentums.[5]

---

5 Locke, Über die Regierung, § 124.

Der Schutz des Eigentums rechtfertigt die Existenz eines Staates, dessen Hauptaufgabe darin besteht, es zu bewahren. Mit Eigentum ist aber auch hier nicht nur der Besitz von Gütern gemeint, sondern auch das Eigentum an sich selbst als Person, das dieser Güterbesitz erst möglich macht. Es ist die Bedingung für die Freiheit und die Unabhängigkeit der Bürger. Die Menschen, so heißt es bei Locke, »haben die Absicht, sich zu vereinigen – zur gegenseitigen Erhaltung ihres Lebens, ihrer Freiheiten und Güter, was ich ganz allgemein Eigentum nenne«.[6]

Lockes Staat ist nicht identisch mit Hobbes' Leviathan. Er kann, auch wenn es schwierig ist, nach Formen demokratischer Repräsentation streben, die ihn zumindest in gewisser Hinsicht zum Ausdruck des Willens seiner Bürger machen. Dennoch läßt sich der liberale Staat, den Locke modellhaft entworfen und der sich in der modernen Gesellschaft durchgesetzt hat, nicht von seinem ursprünglichen Auftrag abbringen, als Sicherheitsstaat die Personen und ihren Besitz zu schützen. Dieser Staat wurde sowohl als »Minimal-« als auch als »Polizeistaat« bezeichnet. Das ist kein Widerspruch. Er ist ein Rechtsstaat, der sich auf seine Hauptaufgaben als Hüter der öffentlichen Ordnung und Garant der Rechte und des Eigentums der Individuen konzentriert. Zumindest im Prinzip (faktisch sind die Dinge natürlich komplizierter) untersagt er es sich, in die übrigen – wirtschaftlichen und sozialen – Sphären der Gesellschaft einzugreifen. Zugleich wacht er jedoch streng darüber, daß die Inte-

---

6 Ebenda, § 123.

grität der Person und ihre Rechte respektiert werden und greift mit unerbittlicher Härte gegen die Feinde des Eigentums durch (strafrechtliche Sanktionen im Fall von Eigentumsdelikten, notfalls auch gewaltsame Niederschlagung kollektiver Versuche zum Umsturz der Eigentumsordnung). Von einem rein moralischen Standpunkt aus läßt sich der liberale Staat als in sich widersprüchlich kritisieren. Einerseits hält man es ihm zugute, daß er versucht hat, sich als Rechtsstaat, der für die bürgerlichen Rechte und die Integrität der Person eintritt, institutionell zu verankern.[7] Andererseits

---

7 Diese Bemühungen sind weit mehr als eine rein »formale« Zierde, die die realen Ungleichheiten verbergen soll. Um nur ein Beispiel zu nennen: Die Julimonarchie in Frankreich hat keine Mittel gescheut, um die Internierung von Geisteskranken rechtlich zu legitimieren. Das Problem war offensichtlich. Die Geisteskranken wurden als gefährlich betrachtet und konnten nicht in Freiheit gelassen werden. Andererseits waren sie aber auch nicht für ihr Handeln verantwortlich. Daher konnte man sie weder verurteilen noch ins Gefängnis stecken. Das Problem betraf in den dreißiger Jahren des 19. Jahrhunderts etwa zehntausend Menschen und stellte mithin keine Gefahr für die gesellschaftliche Ordnung dar. Es bedrohte allerdings die Prinzipien des liberalen Staates, also den Umstand, daß sich Sanktionen im Rahmen des Legalen bewegen mußten und daß jede Form willkürlicher Gefängnisstrafen verboten war. Diese hätten an die sogenannten *lettres de cachet*, die jeglicher rechtlichen Kontrolle entzogenen königlichen Haftbefehle, und die Staatsgefangenen des Absolutismus erinnert. Ein Ausweg aus dieser Sackgasse wurde gefunden, indem man dem Vorschlag einer »therapeutischen Internierung« folgte, den Esquirol und die ersten Spezialisten für Geisteskrankheiten gemacht hat-

empört man sich darüber, daß derselbe Staat den Pariser Arbeiteraufstand im Juni 1848 oder die Pariser Kommune 1871 blutig niedergeschlagen hat: auf der einen Seite ein rechtlicher Legalismus, auf der anderen der nicht selten rücksichtslose Einsatz der Armee oder der Milizen der Nationalgarde. Dieser scheinbare Widerspruch läßt sich jedoch auflösen, wenn man begreift, daß die Grundlage dieser Staatsform darin besteht, Schutz und Sicherheit zu gewährleisten. Vor diesem Hintergrund ist der Schutz der Personen mit dem Schutz ihres Eigentums untrennbar verbunden. Der Auftrag des Staates besteht einerseits darin, Recht zu sprechen und die Ordnung durch Polizeiaktionen aufrechtzuerhalten. Andererseits verteidigt er die auf dem Eigentum beruhende Ordnung, »im Fall höherer Gewalt« auch mit militärischen oder paramilitärischen Mitteln.

Erinnern wir uns, daß es weder dem Zufall geschul-

---

ten (der Geisteskranke wird interniert, um ihn zu heilen, nicht, um ihn zu bestrafen). Über das 1838 verabschiedete Gesetz, das diesen Ausnahmestatus der Geisteskranken festschreibt, wurde in der Abgeordnetenkammer und im Oberhaus leidenschaftlich debattiert. Das Ziel dieser sehr anregenden Debatten war natürlich, den Schutz vor der drohenden Unordnung durch die Geisteskrankheit zu garantieren, dies jedoch in einem legalen Rahmen. Dazu mußte in einem langwierigen Prozeß jedoch erst ein neues Gesetz ausgearbeitet werden. Das Gesetz aus dem Jahr 1838 zugunsten der Geisteskranken ist sicherlich ein Ausnahmefall. Aber es ist ein Gesetz, über das nach den damals üblichen demokratischen Verfahren abgestimmt wurde.

det noch inkonsequent ist, wenn das Eigentum in der universellen Erklärung der Menschen- und Bürgerrechte, die in verschiedenen Varianten in die unterschiedlichen republikanischen Verfassungen Eingang gefunden hat, in den Rang eines unveräußerlichen und heiligen Prinzips erhoben wurde. Es wäre verfehlt, darin allein das »bürgerliche« Eigentum zu sehen, das die Privilegien einer Klasse reproduziert. Zu Beginn der Moderne erlangt das Eigentum eine tiefe anthropologische Bedeutung, weil es – Locke hat dies als einer der ersten erkannt – als das Fundament erscheint, von dem aus das Individuum die Voraussetzung für seine Unabhängigkeit finden kann, wenn es sich aus dem traditionellen System aus Absicherung und Unterordnung gelöst hat. Andernfalls ließe sich nur schwer erklären, warum nicht nur die Konservativen und die moderatesten (wenn man so will bürgerlichen) Strömungen der (vor)revolutionären Epoche, sondern auch einige ihrer radikalsten Vertreter das Privateigentum verteidigt haben. Rousseau, Robespierre, Saint-Just und die Sansculottes wollten das Eigentum nicht abschaffen, sondern beschränken und allen Bürgern zugänglich machen. Robespierre wollte die Eigentumsgrenzen über die Gesetzgebung neu definieren, und Saint-Just träumte von einer Republik, die sich aus lauter Kleineigentümern zusammensetzt. Nur wenn die Individuen auch Eigentümer sind, besitzen sie als Bürger die notwendige Unabhängigkeit und Freiheit, auch um das Vaterland mit der Waffe in der Hand zu verteidigen. Damit würden sie – so das Argument – sowohl die Republik als auch ihren Status als Bürger verteidigen, der auf ihrem Besitz aufbaut: »Das

Eigentum der Patrioten ist heilig.«[8] Nur äußerst marginale Gruppen – wie etwa die Babouvisten, die dies mit ihrem Leben bezahlten – haben mit ihren Ideen und Handlungen diese vom Privateigentum gezogene Grenzlinie überschritten. Sie befanden sich allerdings in einer extremen Minderheitenposition und außerhalb des Feldes, auf dem der moderne Staat errichtet wurde, wie er noch bis in unsere Zeit vorherrscht. (Abgesehen von den Geschehnissen in Osteuropa und anderswo, die sich dort im Anschluß an die bolschewistische Revolution 1917 abgespielt haben. Das jedoch ist eine andere Geschichte.)

## Öffentliche Sicherheit und Freiheitsrechte

Das soziopolitische Gebäude, das ursprünglich von den ersten Liberalen erdacht wurde und sich im Verlauf des 19. Jahrhunderts mit wechselndem Erfolg durchzusetzen versuchte, weist eine große Kohärenz auf. Sein zentraler Aspekt besteht in seinem Anspruch, die Bürgerrechte der Individuen auf der Basis des Rechtsstaates und gleichzeitig die soziale Absicherung

---

8 Saint-Just, zit. n. Maxime Leroy, Histoire des idées sociales en France, Bd. I, 1950, S. 272. Dort heißt es allerdings weiter: »Der Besitz der Verschwörer jedoch ist den Unglücklichen zugedacht.« Dieser Zusatz bestätigt den außergewöhnlichen Wert, der dem Eigentum zukommt: Die wirklichen Bürger brauchen es, während die Feinde des Vaterlandes des Eigentums nicht würdig sind.

auf der Grundlage des Privateigentums zu garantieren. Das Eigentum ist in der Tat die gesellschaftliche
Institution schlechthin, insofern es die grundlegende
Aufgabe erfüllt, die Unabhängigkeit der Individuen zu
sichern und sie gegen die Lebensrisiken zu schützen.
Oder, wie es Charles Gide zu Anfang des 20. Jahrhunderts ausdrückt:

Was die besitzende Klasse betrifft, so bildet das Eigentum
eine gesellschaftliche Institution, die alle anderen mehr oder
weniger überflüssig macht.[9]

Das bedeutet, daß das Privateigentum eine Garantie – im eigentlichen Sinne – gegen die Unwägbarkeiten der sozialen Existenz (im Fall von Krankheit,
Unfall, Ende der Erwerbstätigkeit und so weiter) bietet. Es macht »das Soziale« überflüssig, also all jene
Strukturen, die geschaffen werden, um das Defizit an
Ressourcen auszugleichen, die einem das Leben in der
Gesellschaft aus eigener Kraft ermöglichen. Die besit-
zenden Individuen können sich durch den Einsatz ihrer eigenen Ressourcen selbst absichern, und zwar im
legalen Rahmen eines Staates, der für den Schutz des
Eigentums sorgt. Was diese Personen anbelangt, so
kann man von einer garantierten sozialen Sicherheit
sprechen. Die bürgerliche Sicherheit wiederum wird
von einem Rechtsstaat gewährleistet, der die Ausübung der grundlegenden Freiheitsrechte verbrieft,
Recht spricht und dafür sorgt, daß das gesellschaftliche Miteinander friedlich verläuft (das ist die Aufgabe

---

9 Charles Gide, Économie sociale, Paris 1902, S. 6.

der »Ordnungskräfte«, die im Alltag Besitz und Personen schützen sollen).

Allerdings handelt es sich hierbei um ein Idealziel, das die Unsicherheit nicht vollständig ausmerzen kann. Dazu müßte der Staat nämlich alle individuell oder kollektiv möglichen Verstöße gegen die gesellschaftliche Ordnung kontrollieren. An diesem Punkt zeigt sich die Stärke des von Hobbes entwickelten Paradigmas: Die Sicherheit ist nur in einem absoluten Staat vollständig gegeben, wenn er das Recht oder zumindest die Macht hat, jeden Versuch eines Angriffs auf die Sicherheit von Personen und Gütern ohne Einschränkung im Keim zu ersticken. Wird er aber mehr oder weniger demokratisch, begrenzt er nach und nach diese Macht, die nur in despotischen oder totalitären Regimen voll zum Tragen kommt. Ein demokratischer Staat kann keinen Rundumschutz bieten. Den Preis, der dafür zu entrichten wäre, hat Hobbes bereits beziffert: eine absolutistische Staatsmacht. Verfassungsrechtliche Prinzipien, eine institutionelle Gewaltenteilung und die Sorge um die Einhaltung des Rechts bei der Anwendung von Gewalt, auch seitens des Staates, setzen der absoluten Macht Grenzen. Mittelbar, aber unausweichlich schaffen sie damit die Voraussetzung, daß eine gewisse Unsicherheit entsteht. Um nur ein Beispiel zu nennen: Die richterliche Kontrolle über die Polizei bindet den Einsatz der Ordnungskräfte an bestimmte Vorgaben und beschränkt ihre Handlungsfreiheit. Aus dem Bestreben, das Recht zu respektieren, kann ein Täter Nutzen ziehen. Die Tatsache, daß manche Delikte unbestraft bleiben, ist die nahezu unumgängliche Folge der Komplexität des Justizapparates. Oft ist die Kritik zu hören, die für die Aufrechterhaltung der Ordnung zuständigen Behörden würden angeblich »nicht hart genug durchgreifen«. Sie hat ihre Ursache in der Kluft, die in einem Rechtsstaat stets zwischen dem erforderlichen Respekt vor dem Gesetz und den repressiven Praktiken besteht, die ausschließlich auf bedingungslose Effizienz abzielen. Allgemeiner formuliert: Je mehr sich ein Staat von dem Modell des Leviathan entfernt und komplexe rechtliche Institutionen aufbaut, desto größer ist die Gefahr, daß er die Forderung seiner Mitglieder nach einer absoluten Sicherheitsgarantie enttäuscht. Um diesen Widerspruch zu überwinden, müßten – wie bereits Rousseau erkannt hat – alle Bürger tugendhaft sein oder zur Tugendhaftigkeit erzogen werden. Nicht alle Bürger sind aber von sich aus tugendhaft, ganz im Gegenteil. Das Beispiel Robespierre veranschaulicht nachdrücklich, was eine Politik der Tugend, die sich letztlich auf ein revolutionäres Terrorregime stützt, alles anrichten kann. Wenn die Tugendhaftigkeit jedoch nicht spontan kommt und man solchen Bürgersinn nicht gewaltsam einbleuen will, dann muß man sich zwangsläufig eingestehen, daß eine absolute Sicherheit von Eigentum und Personen in einem Rechtsstaat niemals vollständig erreicht werden kann. Dieses Dilemma zeigt sich bei der konkreten Umsetzung von Gesetzen. Dazu bedarf es immer komplexerer Prozesse, die die Kluft zwischen dem, was die gesetzliche Ordnung vorschreibt, und der Art und Weise, wie sie die soziale Praxis formt, aufrechterhalten oder sogar vertiefen.

Bei den letzten Wahlen hat die Unsicherheitsthematik in Frankreich ein solches Gewicht erreicht, daß es manchmal schon an Hysterie grenzte, und die Situation scheint sich gegenwärtig nicht unbedingt zu beruhigen. Man macht es sich jedoch zu leicht, wenn man einfach auf die Diskrepanz zwischen Sicherheitswahn und objektiven Gefährdungen verweist, die Eigentum und Menschen in einer Gesellschaft wie der unseren bedrohen, vor allem wenn man sie mit der Situation in mehr als der Hälfte unserer Welt oder mit der Situation in Frankreich vor einem Jahrhundert vergleicht.[10] Es handelt sich nicht um ein reines Phantasieprodukt. Vielmehr zeigt sich darin ein Verhältnis zum Staat, wie es für moderne Gesellschaften charakteristisch

---

10 Zur Unsicherheitsproblematik in anderen Kulturkreisen siehe zum Beispiel Lucio Kowarick, *Living at Risk, on Vulnerability in Urban Brazil*, in: Escritos Urbanos, São Paulo, Ausgabe 34, 2000, eine beeindruckende Schilderung der allgegenwärtigen Unsicherheit in den brasilianischen Metropolen. Was dagegen die Situation in Frankreich vor einem Jahrhundert anbelangt, so beschreibt Dominique Kalifa in *L'attaque nocturne* (in: Société et représentation, Nr. 4, Mai 1997) sowohl die tatsächliche Unsicherheit als auch die Mediatisierung der unsicheren Pariser Nächte um die Jahrhundertwende 1900. Zur Zeit der *Apaches*, der Großstadtganoven, war die kriminelle Gewalt deutlich höher als heute. In der Presse wurde manchmal von bis zu 140 Übergriffen monatlich in Paris berichtet. Außerdem zeigt sich, daß das Thema der Unsicherheit bereits damals zu politischen Zwecken mißbraucht wurde. Dem Polizeipräfekten Laxheit vorzuwerfen, bot der damaligen Opposition eben auch die Möglichkeit, die Legitimität der Regierung in Frage zu stellen.

ist. Da das Individuum hier einen hohen Wert genießt und sich zugleich verwundbar und anfällig fühlt, verlangt es staatlichen Schutz. Daher ertönt der »Ruf nach dem Staat« in den modernen lauter als in den früheren Gesellschaften, wo durch die Zugehörigkeit zu Gemeinschaften unterhalb des Souveräns zahlreiche Sicherungssysteme und Abhängigkeitsstrukturen bestanden, die diese Aufgabe erfüllten. Heute lastet der Druck vor allem auf dem Staat, und sei es, daß man ihm vorwirft, er sei allzu präsent. Wenn der Staat sich aber selbst als Rechtsstaat begreift, muß er dieses Streben nach einem Rundumschutz zwangsläufig enttäuschen, weil eine umfassende Sicherheit mit dem absoluten Respekt vor den Rechtsformen nicht vereinbar ist.

So läßt sich besser nachvollziehen, warum das Gefühl der Unsicherheit selbst in seinen extremen und völlig »unbegründeten« Erscheinungsformen nicht so sehr eine Folge unzureichender Sicherungsleistungen ist als der Radikalität eines Sicherheitsbedürfnisses entspringt, auf dessen tiefe Wurzeln Hobbes schon zu Anfang der Moderne hingewiesen hat. Hobbes' Weitsicht hilft uns dabei, uns der Problematik der bürgerlichen Sicherheit in den modernen Gesellschaften in ihrer ganzen Widersprüchlichkeit bewußt zu werden. In diesen Individualgesellschaften ist das Sicherheitsbedürfnis unstillbar, weil das Individuum als solches sich außerhalb der Schutzsysteme naher Solidargemeinschaften bewegt. Es kann daher nur im Rahmen eines absoluten Staates befriedigt werden (eines Staates, dessen Entstehung Hobbes während der Zeit des königlichen Absolutismus beobachtet hat, weswegen seine Analysen auch nicht nur theoretische Spekulationen darstellen). Gleichzeitig entwickeln sich in dieser Gesellschaft Normen, die Freiheit und Autonomie der Individuen respektieren und sich nur in einem Rechtsstaat wirklich entfalten können. Insofern läßt sich das begründete und zugleich unbegründete Gefühl der Unsicherheit in der Moderne als eine alltägliche Folgeerscheinung dieser Widersprüchlichkeit zwischen einem absoluten Sicherheitsbedürfnis und einem Legalismus verstehen, dessen extreme Ausprägungen wir heute in Gestalt einer Verrechtlichung aller und noch der privatesten Lebenssphären beobachten. Der moderne Mensch will unbedingt, daß ihm in allen Bereichen und auch in seinem Privatleben Gerechtigkeit widerfährt, was Richtern und Anwälten ausgezeichnete Karriereperspektiven bietet. Andererseits möchte er jedoch auch, daß seine Sicherheit in allen Bereichen seines Alltagslebens garantiert ist, was letztlich zu einer Omnipräsenz der Polizei führen würde. Diese beiden Logiken können sich natürlich nicht vollständig decken. Es bleibt eine Lücke, aus der sich das Gefühl der Unsicherheit speist. Mehr noch: Die Kluft zwischen einem stärker werdenden Legalismus und einer sich verschärfenden Forderung nach Sicherheit vertieft sich. Wenn also das Sicherheitsbedürfnis wächst, so erzeugt es zwangsläufig seine ganz eigene Frustration, die das Gefühl der Unsicherheit nährt.

Vielleicht handelt es sich im Grunde um einen Widerspruch, wie er der Praxis der modernen Demokratie überhaupt inhärent ist. Er zeigt sich darin, daß Sicherheit einen Rechtsanspruch darstellt, dem aber nicht völlig entsprochen werden kann, ohne Mittel einzusetzen, die das Recht selbst in Frage stellen. In jedem Fall ist es – wie die derzeitige politische Situation in Frankreich zeigt – bezeichnend, daß sich das Sicherheitsbedürfnis unmittelbar in der Forderung nach einem härteren Durchgreifen äußert. Diese Forderung gefährdet jedoch die Demokratie, wenn man ihr freien Lauf läßt. Eine demokratische Regierung hat hier einen schweren Stand. Man verlangt von ihr, daß sie die Sicherheit garantiert. Gelingt ihr dies nicht, wird ihr sofort ihre laxe Grundhaltung vorgehalten. Ist jedoch ein härteres Durchgreifen, wie es von einem Rechtsstaat verlangt wird, mit einem wirklich demokratischen Staat überhaupt vereinbar? Ob es sich nun um den »Krieg gegen den Terrorismus«, wie er von den Vereinigten Staaten geführt wird, oder um die »Nulltoleranz« zur Bekämpfung der Kriminalität in Frankreich handelt, immer wieder zeigt sich, daß Staaten, die sich zu den Menschenrechten bekennen und manchmal sogar der übrigen Welt Lehren auf diesem Gebiet erteilen, stets Gefahr laufen, die öffentlichen Freiheitsrechte unmerklich zu beschneiden.

# Soziale Sicherheit im Sozialstaat

Unsicherheit ist ebenso *sozialer* wie bürgerlicher Natur. Abgesichert zu sein bedeutet in diesem Fall, daß das Individuum vor Unglücksfällen, die seinen sozialen Status gefährden, geschützt ist. Umgekehrt ist also das Gefühl der Unsicherheit gleichbedeutend mit dem Bewußtsein, daß man solchen Ereignissen schutzlos ausgeliefert ist. Ist man zum Beispiel nicht mehr in der Lage, »seinen Lebensunterhalt« durch Arbeit zu verdienen, weil man erkrankt ist, arbeitslos wird, einen Unfall hatte oder aus Altersgründen aus der Erwerbsarbeit ausscheidet, so stellt dies den Status der sozialen Zugehörigkeit eines Individuums in Frage, das bis dahin durch sein Gehalt seinen Lebensunterhalt bestreiten konnte. Es ist dann unfähig, seine Existenz aus eigener Kraft zu sichern. Um zu überleben, ist es auf Hilfsleistungen angewiesen. Ein soziales Risiko ließe sich demnach als ein Ereignis definieren, das die Fähigkeit der Individuen beschränkt, eigenständig für ihre soziale Unabhängigkeit zu sorgen. Wer gegen diese Unwägbarkeiten nicht versichert ist, lebt in Unsicherheit. Es ist eine jahrhundertalte Erfahrung, die ein großer Teil des Volkes, wie man es früher nannte, machen mußte: Was wird der morgige Tag wohl bringen? Im frühen 18. Jahrhundert schildert Vauban den Lebensalltag eines Angehörigen der Klasse der einfachen Angestellten dieser Zeit, der Tagelöhner und Hilfsarbeiter, die »nur über ihre Arme verfügen beziehungs-

33

weise über sehr wenig darüber hinaus«:[1] Es sei »gewiß, daß er stets viel Mühe haben wird, das Ende seines Jahres zu erwischen. Woraus offenbar wird, daß, sowenig er auch überlastet wäre, er erliegen müßte […].«[2]

Das ist sehr eindrucksvoll formuliert. Vor allem aber beschreibt dieser Satz anschaulich die Situation der Angehörigen der unteren Volksschichten und insbesondere all jener, die nichts als ihrer Hände Arbeit hatten, um zu leben und zu überleben. Soziale Unsicherheit ist eine Erfahrung, die es in der Geschichte stets gegeben hat. Sie trat nicht immer offen zutage, weil diejenigen, die sie am eigenen Leibe erfuhren, nur selten zu Wort kamen – lediglich bei Unruhen, Aufständen oder ähnlichen »Gefühlsausbrüchen des Volkes« ließ sich ihre Stimme vernehmen. Nichtsdestotrotz war diese Erfahrung geprägt von der Mühsal und den Ängsten des Alltags, die einen Gutteil des Elends dieser Welt ausmachten.

Von dieser Unsicherheitsproblematik, die eine breite Masse des Volkes betraf, zeigte sich die Ideologie der Moderne, die sich ab dem 18. Jahrhundert durchzusetzen begann, zumindest anfangs völlig unbeeindruckt. Wir haben bereits darauf hingewiesen, daß ihre Konzeption des unabhängigen Individuums auf der Aufwertung des Eigentums gründete, gekoppelt mit einem Rechtsstaat, der die Sicherheit der Bürger

---

1 Sébastien Le Preste de Vauban, Projekt eines königlichen Zehnten, Berlin 1994, S. 54.
2 Ebenda, S. 56. Weil Vauban die Not des Volkes zu Zeiten des Sonnenkönigs allzu hellsichtig schilderte, fiel er in Ungnade.

garantieren sollte. Daher hätte in dieser Theorie die Frage nach dem (fehlenden) Status von *Personen ohne Eigentum* eigentlich einen zentralen Platz einnehmen müssen. Was geschieht mit all jenen, die nicht genug Eigentum und damit keine Ressourcen als Basis für ihre soziale Unabhängigkeit besitzen und die – um nicht Marx, sondern einen weithin unbekannten Autor des ausgehenden 18. Jahrhunderts zu zitieren – »die nicht besitzende Klasse«[3] bilden? Selbst ein so aufgeklärter Denker wie Abbé Sieyès vergleicht die Individuen, die keinerlei Eigentum besitzen, mit einer »riesigen Masse zweibeiniger Instrumente, ohne Freiheit, ohne Intellekt, die nur ihre Hände besitzen, die wenig verdienen, und eine verkümmerte Seele [haben]«.[4]

## Eigentum oder Arbeit

Diese zentrale Frage stieß in der Entstehungslogik des liberalen Staates auf keinerlei Echo. Natürlich rückte – vor allem während der revolutionären Begeisterung – die Bedeutung dieses Problems kurzzeitig ins Bewußtsein. Das belegt beispielsweise folgender Wortbeitrag des radikalen *Montagne*-Abgeordneten Harmand auf der Konventssitzung vom 25. April 1793, dessen Hellsichtigkeit aus heutiger Sicht überrascht:

---

3 Lambert, Mitglied des Bettel-Ausschusses der Verfassunggebenden Versammlung, zit. n. Ferdinand Freyfus, Un philanthrope d'autrefois, Paris 1903.

4 Emmanuel Joseph Sieyès, Écrits politiques, Paris 1985, S. 81.

All jene, die es ehrlich meinen, werden mir zugestehen, daß, nachdem wir bereits die politische Rechtsgleichheit erlangt haben, der dringlichste und innigste Wunsch die faktische Gleichheit ist. Mehr noch: Ohne den Wunsch oder die Hoffnung auf diese faktische Gleichheit wäre die Rechtsgleichheit nichts weiter als eine grausame Illusion. An Stelle der in Aussicht gestellten Freuden würde der nützlichste und größte Teil unserer Bürger lediglich Tantalusqualen erleiden.[5]

Dieser »nützlichste und größte Teil der Bürger« bezeichnet die Gesamtheit der besitzlosen Arbeiter. Andererseits ist sich Harmand durchaus bewußt, daß der (in seinen Augen notwendige) Respekt vor dem Eigentum ein unüberwindbares Hindernis darstellt, wenn man diesen »Wunsch« verwirklichen möchte. Weiter heißt es nämlich:

Wie können die gesellschaftlichen Institutionen dem Menschen die faktische Gleichheit gewähren, die die Natur ihm verweigert, ohne den Grund- und Industriebesitz in Frage zu stellen? Wie sollte man dies anders als durch Enteignung und Umverteilung von Grundbesitz bewerkstelligen?

Das ist in der Tat die eigentliche Frage. Die einzige damals mögliche Antwort lieferte der Kommunismus. So gesehen, antwortet Gracchus Babeuf unmittelbar auf Harmand. Doch zeigt der klägliche Fehlschlag der Verschwörung der Gleichen, daß diese Antwort im

---

5 Rede vor der Verfassunggebenden Versammlung vom 15. April 1793, zit. n. Marcel Gauchet, Die Erklärung der Menschenrechte. Die Debatte um die bürgerlichen Freiheiten 1789, Reinbek 1991, S. 212.

ausgehenden 18. Jahrhundert in eine Sackgasse führte. Fast gewinnt man den Eindruck, als wären die politisch Verantwortlichen, die am Aufbau des modernen Staates mitwirkten, diesem Problem so lange wie möglich, bis zum Ende des 19. Jahrhunderts, aus dem Weg gegangen. Über die Gründe, aus denen die Führungseliten sich weigerten, die soziale Situation des »nützlichsten und größten Teils« der Bürger im Rechtsstaat mitzuberücksichtigen – Gleichgültigkeit, Egoismus, Klassendünkel und so weiter –, mag der Leser selbst befinden.[6] Mit Peter Wagner kann man in bezug auf diese erste Expansionsperiode des Liberalismus jedenfalls von einer »restringiert liberalen Moderne« sprechen: Das Projekt einer liberalen Gesellschaft, wie es beispielsweise in der Erklärung der Menschen- und

---

6 Allerdings dringt das spätere Kernproblem der sozialen Frage des 19. Jahrhunderts bereits in den 1820er Jahren mit der allgemeinen Entdeckung des »Pauperismus« durch alle sozialen Beobachter ins Bewußtsein: Mit Erschütterung konstatiert man, daß die Massen im Zuge einer fortschreitenden Industrialisierung, die zu diesem Zeitpunkt als ein Bestandteil der Entwicklung der Moderne selbst erscheint, zunehmend verelenden. Die liberalen und konservativen Vertreter der herrschenden Klassen weigern sich jedoch, dieses Phänomen zu einem politischen Problem zu erklären, das staatlich zu lösen sei, und versuchen, über die Förderung philanthropischer Armenhilfe und eines Paternalismus seitens der Arbeitgeber Antworten zu liefern (bewußt klammere ich hier die verschiedenen Varianten des revolutionären Sozialismus aus, die sich parallel dazu entwickeln, die jedoch aus dem politischen Feld, in dem die Regulierungsmodalitäten der modernen Gesellschaft erarbeitet werden, ausgeschlossen sind).

Bürgerrechte formuliert ist, hat prinzipiell universellen Anspruch. Zunächst gilt es jedoch nur für einen sehr begrenzten Teil der Bevölkerungen des christlichen Okzidents.[7]

Diese ungelösten sozialen Bedingungen bei der Umsetzung liberaler Prinzipien hatten beträchtliche, ja katastrophale Folgen. Dabei handelt es sich nicht nur um die Not der Arbeiter und ihrer Familien während der ersten Industrialisierung, wie sie die zahllosen Schilderungen des »Pauperismus« im 19. Jahrhundert illustrieren. Ganz allgemein wird ein Zustand ständiger sozialer Unsicherheit bestätigt, der die meisten Volksschichten betrifft, ja nahezu »befällt«. Die soziale Unsicherheit schafft nämlich nicht nur Armut. Wie ein Virus, der das Alltagsleben durchdringt, die sozialen Bezüge auflöst und die psychischen Strukturen der Individuen unterminiert, wirkt sie auch demoralisierend, als Prinzip sozialer Auflösung. Sie zersetzt den Charakter, wie es bei Richard Sennett in anderem Zusammenhang heißt.[8] Sich in einer Situation ständiger Unsicherheit zu befinden bedeutet, weder die Ge-

---

7 Peter Wagner, Soziologie der Moderne, Frankfurt am Main/New York 1995. Mit Blick auf den gesamten Planeten gewinnt diese »Restriktion« noch gewaltigere Dimensionen. Vor diesem Hintergrund könnte man behaupten, daß die liberale Moderne auf zwei Exklusionsprozessen aufbaut: In den am stärksten entwickelten Nationen der damaligen Zeit (Westeuropa und später die Vereinigten Staaten) sind die unteren Volksschichten und außerhalb dieses Gebiets der Rest der Menschheit ausgeschlossen.

8 Richard Sennett, Der flexible Mensch. Die Kultur des neuen Kapitalismus, Berlin 1998.

genwart meistern noch die Zukunft positiv gestalten zu können. Das ist die berüchtigte »Sorglosigkeit«, die die Moralisten des 19. Jahrhunderts den unteren Volksklassen unablässig zum Vorwurf machten. Wie sollte allerdings jemand, den Tag für Tag die Unsicherheit zermürbt, Zukunftspläne schmieden und sein Leben in die Hand nehmen? Die soziale Unsicherheit verwandelt diese Existenz in einen täglichen Überlebenskampf mit stets ungewissem Ausgang. Situationen wie die der Proletarier im 19. Jahrhundert, die zu einem Leben in ständiger Prekarität verdammt waren, also auch in permanenter Unsicherheit, ohne den geringsten Einfluß auf den Gang der Dinge, könnte man als *soziale Entkoppelung* (das Gegenteil des sozialen Zusammenhalts) bezeichnen.

*Das ist die Schattenseite des Rechtsstaates:* Die Lebensbedingungen all jener, die nicht genug besitzen, um damit ihre Existenz sichern zu können, rücken gar nicht erst ins Blickfeld. Damit weicht er allerdings der Frage aus, die Hobbes paradoxerweise viel demokratischer formuliert hatte, weil sie hier alle Untertanen des Staates betraf, die gegenüber dem Leviathan in derselben Lage waren: Wie können *alle* Mitglieder einer Gesellschaft geschützt werden? Wie läßt sich die Sicherheit *aller* Individuen im Rahmen einer Nation garantieren? Die Trennlinie zwischen Eigentümern und Nichteigentümern schlägt um in eine Kluft zwischen Staatsbürgern mit und Staatsbürgern ohne Rechte, wobei darunter auch das Recht zu verstehen ist, in bürgerlicher und sozialer Sicherheit zu leben. Andernfalls hätte das Recht nämlich nur »formalen« Charakter, wie es bei Marx heißt, dessen Kritik an diesem Punkt kaum zu entkräften ist. Der Staat läßt die sozialen Lebensbedingungen der Mehrheit der Arbeiter unverändert, die dadurch in ständiger sozialer Unsicherheit leben.

Welche Lösung wurde für diese Situation gefunden? Anders formuliert: Wie ist es gelungen, die (soziale) Unsicherheit zu besiegen und (soziale) Sicherungsleistungen für alle oder fast alle Mitglieder einer modernen Gesellschaft zu garantieren, um aus ihnen vollgültige Individuen zu machen? An dieser Stelle kann ich nur auf das Grundprinzip eingehen. Eine vollständige Beantwortung würde längere Ausführungen erfordern.[9] In aller gebotenen Kürze: Mit der Arbeit wurden starke Schutzmechanismen verknüpft; ferner wurde mit dem sozialen Eigentum eine neue Eigentumsform begründet und umgesetzt, um die Rehabilitation der Nichteigentümer zu garantieren. Hier also in sehr gedrängter Form diese beiden Aspekte, die sich zum großen Teil überschneiden.

Was den ersten Aspekt betrifft, das heißt den Umstand, daß *der Status des Arbeiters selbst abgesichert und verrechtlicht wurde,* so ist die Arbeit nicht länger eine reine Marktbeziehung, die im Rahmen eines pseudokontraktuellen Verhältnisses (der »Leihvertrag« des *Code civil*) zwischen einem allmächtigen Arbeitgeber und einem mittellosen Arbeitnehmer entlohnt wird. Die Arbeit wird zu einer *Beschäfti-*

---

9 Ich habe mich um diesen Nachweis in: Metamorphosen der sozialen Frage. Eine Chronik der Lohnarbeit, Konstanz 2000, bemüht. Vgl. insbesondere Kapitel VI und VII.

*gung*, versehen mit einem *Status*, der über den Markt hinaus Garantien bereithält, wie einen Mindestlohn, arbeitsrechtliche Bestimmungen, Unfall-, Kranken- und Rentenversicherung und so fort. Infolgedessen ist die Lebenssituation des Arbeiters auch nicht mehr so sehr von Unsicherheit geprägt, dazu verurteilt, jeden Tag von neuem in Angst vor dem Morgen zu leben. Sie ist jetzt zu einem *Angestelltenverhältnis* geworden. Das heißt, der Arbeiter verfügt über eine Grundlage an Ressourcen und Garantien, mit denen er die Gegenwart meistern und die Zukunft gestalten kann. In der »Erwerbsarbeitsgesellschaft«, die nach dem Zweiten Weltkrieg in Westeuropa entsteht, sind fast alle Individuen über Sozialversicherungssysteme abgesichert, die – wie die Sozialgeschichte lehrt – zumeist auf der Erwerbsarbeit gründen. Eine Erwerbsarbeitsgesellschaft ist nicht nur eine Gesellschaft, in der die Mehrheit der Erwerbsbevölkerung in einem Angestelltenverhältnis arbeitet. Vor allem ist es eine Gesellschaft, in der die große Mehrheit der Bevölkerung über die Konsolidierung des Erwerbsstatus zu einem sozialen Bürgerschaftsstatus gelangt.

Die andere Art, diese entscheidende Transformation zu beschreiben: Die Mitglieder der Erwerbsarbeitsgesellschaft erhalten *insgesamt Anspruch auf das soziale Eigentum*, das dieselbe Funktion erfüllt wie das Privateigentum. Dieses *Eigentum zur Existenzsicherung* steht all jenen zur Verfügung, die bisher nicht durch Privateigentum abgesichert waren.[10] Das soziale Eigen-

---

10 Ich folge hier einem Gedanken, den Henri Hatzfeld in *La difficile mutation de la sécurité-propriété à la sécuri-*

tum ließe sich als Produktion äquivalenter sozialer
Sicherungsleistungen bezeichnen, wie sie zuvor allein
das Privateigentum lieferte. Nehmen wir das Beispiel
Rente. Was die Alterssicherung betrifft, so kann der
Rentner dadurch mit dem durch seine Vermögenswer-
te abgesicherten Rentier rivalisieren. Damit bietet die
Rente eine Lösung für eine der dramatischsten Formen sozialer Unsicherheit, nämlich für die Situation
des älteren, arbeitsunfähigen Arbeitnehmers, der Gefahr lief, völlig zu verelenden und auf entwürdigende
Hilfsformen wie das Armenhaus angewiesen zu sein.
Demgegenüber ist die Rente keine Hilfsmaßnahme.
Sie bildet *einen Rechtsanspruch, der an die Erwerbsarbeit gekoppelt ist*. Sie ist das Eigentum des Arbeiters
und wird nicht nach der Logik des Marktes, sondern
über eine Vergesellschaftung des Lohnes gebildet: Ein
Teil des Lohnes fließt an den Arbeiter (als indirektes
Gehalt) zurück. Wenn man so will, ist es ein Eigen-
tum zur Existenzsicherung, die den Arbeiter nach dem
Ende seiner Erwerbstätigkeit absichert.

Natürlich ist die Rente nur ein Beispiel für dieses
soziale Eigentum, und ihre Anfänge sind äußerst be-
scheiden (das Gesetz über die Arbeiter- und Bauern-

---

*té-droit*, in: Prévenir, Nr. 5, März 1982, entwickelt hat.
Der Begriff des sozialen Eigentums in der hier verstan-
denen Bedeutung findet sich bei republikanischen Autoren Ende des 19. Jahrhunderts. Vgl. vor allem Alfred
Fouillé, La Propriété sociale et la démocratie, Paris 1884.
Fouillé befürwortet eine Pflichtversicherung als Mittel,
um »Garantien menschlichen Kapitals« zu bilden, »die
eine Art Minimaleigentum darstellen, die jeder wirklich
freie und gleichberechtigte Bürger benötigt«.

renten von 1910 betraf lediglich die ärmsten Arbeiter, weil man bei den wohlhabenderen Angestellten davon ausging, daß sie sich selbst über Privateigentum versichern konnten). Die Ausweitung des Systems läßt sich als Prozeß der Verallgemeinerung und der Differenzierung des Arbeitnehmerstatus begreifen, wie er für das 20. Jahrhundert charakteristisch ist. Die Arbeitnehmerschaft setzt sich nicht länger fast ausschließlich aus den angestellten Industriearbeitern zusammen. Sie besteht nun aus stark differenzierten Gruppen von Angestellten und umfaßt sowohl einfache Arbeiter, die nur einen Mindestlohn bekommen, als auch Führungskräfte. Alle Angestellten sind jedoch durch die Erwerbsarbeit abgesichert. So läßt sich mittels einer Form des sozialen Eigentums wie der Rente die große Mehrheit der Angehörigen der Erwerbsarbeitsgesellschaft versichern. Parallel zu den Rentensystemen müßte hier eigentlich die gesamte Sozialgesetzgebung nachgezeichnet werden, die im Laufe des 20. Jahrhunderts entstand und zu einem allgemeinen Sozialversicherungssystem führte:

[...] ein vollständiger Sozialversicherungsplan; der allen Bürgern in allen Fällen, wo sie außerstande sind, sich die Existenzmittel durch Arbeit zu verschaffen, diese zu sichern [sic]; die Leitung dieses Plans obliegt den Vertretern der interessierten Person und des Staates [...].[11]

Beim Aufbau dieser Strukturen hat der Staat eine zentrale Rolle gespielt. Parallel zum Ausbau der Sozialleistungen entwickelt sich auch der Sozialstaat.

---

11 Nationalrat der Wiederstandsbewegung, Aktionsprogramm vom 15. März 1944.

Als sozialer Akteur wirkt er hauptsächlich, insofern er *Risiken reduziert*. Durch die Verpflichtungen, die er gesetzlich auferlegt und garantiert, wird der Staat selbst zu einem gigantischen Versicherungssystem.[12]

## Eine Gesellschaft der Ähnlichen

Auf diese Weise konnte auch der »nützlichste und größte Teil der Bürger«, wie sich der Konventsabgeordnete Harmand ausdrückte, geschützt werden. Um das Problem der sozialen Unsicherheit zu lösen, war weder eine Abschaffung noch eine Umverteilung des Privateigentums notwendig. Insofern wurden die Lebensbedingungen nicht vollständig angeglichen, im Sinne einer »faktischen Gleichheit«, wie es ebenfalls

---

12 François Ewald, Der Vorsorgestaat, Frankfurt am Main 1993. Der Vollständigkeit halber müßte neben diesen Versicherungsstrukturen auch der Ausbau des öffentlichen Dienstes Erwähnung finden. Der öffentliche Dienst als Einrichtung, die der Mehrheit der Bevölkerung Basisgüter zur Verfügung stellt, die nicht über private Interessen gewährleistet werden können, ist ein wichtiger Teil des sozialen Eigentums: Daß Dienstleistungen, die nicht über den Markt reguliert werden, allen offenstehen, ist ein wesentlicher Faktor des Zusammenhalts zwischen den verschiedenen Bevölkerungssegmenten einer modernen Gesellschaft. Auch wenn zu detaillierte Ausführungen hier nicht am Platz sind, wäre die Debatte um die Rolle des öffentlichen Dienstes bis hin zu seiner Infragestellung heute durchaus ein wichtiger Aspekt der hier entwickelten Problematik.

bei Harmand heißt. Auch die Erwerbsarbeitsgesellschaft weist eine starke Schichtung und – alles in allem – beträchtliche Ungleichheiten auf. Gleichzeitig bietet sie allerdings ein hohes *Absicherungsniveau*. So bestehen beispielsweise erhebliche Einkommensdisparitäten zwischen den oberen und den unteren Stufen der Gehaltshierarchie. Andererseits kommen die verschiedenen sozialen Gruppen gleichermaßen in den Genuß arbeitsrechtlicher Bestimmungen und profitieren von identischen Sozialleistungen. Das ist sicherlich auch der Grund, warum Ungleichheiten in diesem Gesellschaftstypus in einem gewissen Rahmen toleriert werden. Zwar kam es zu harten »Verteilungskämpfen« um die Wachstumsgewinne. Diese Kämpfe wurden jedoch im Rahmen eines Konfliktmanagements zwischen »Tarifpartnern« ausgetragen, das unstrittig zu einer Verbesserung der Lebensbedingungen aller Arbeitnehmer geführt hat, selbst wenn zwischen den verschiedenen sozialen Gruppen nahezu dieselben Disparitäten weiterhin Bestand hatten.[13] Angesichts dieser fortbestehenden Unterschiede läßt sich dieser Prozeß auch nicht als eine Entwicklung

13 Sieht man einmal von wenigen konjunkturellen Variationen ab, so sind in der Zeit des französischen Wirtschaftswunders, der sogenannten *trente glorieuses* (glorreichen Dreißig), die Einkommensunterschiede zwischen einfachen Arbeitern und Führungskräften faktisch gleich geblieben. Für die Beschreibung dieser Situation drängt sich das Bild einer Rolltreppe auf: Auf einer Rolltreppe fahren alle nach oben, während die Distanz zwischen den Stufen, auf denen sich die Personen, d.h. die verschiedenen sozialen Gruppen, befinden, gleichbleibt.

hin zu einer »Mittelstandsgesellschaft« interpretieren, wie es manche Ideologen der damaligen Zeit glaubten.[14] Richtig ist allerdings, daß auf allen Stufen der gesellschaftlichen Hierarchie jeder die notwendigen Mindestressourcen zu besitzen glaubte, um seine Unabhängigkeit zu sichern.

Das Gesellschaftsmodell, das hier entsteht, ist nicht das einer Gesellschaft der Gleichen (im Sinne einer »faktischen« Gleichheit der sozialen Lebensbedingungen), sondern das einer »Gesellschaft der Ähnlichen«, um es mit Léon Bourgeois zu sagen.[15] Eine Gesellschaft der Ähnlichen ist eine differenzierte und damit auch hierarchisierte Gesellschaft, deren Mitglieder aber Interdependenzbeziehungen unterhalten, weil sie über einen Grundstock an gemeinsamen Ressourcen und gemeinsamen Rechten verfügen. Das soziale Eigentum, das die Voraussetzung dafür schafft, daß die Nichteigentümer ebenfalls abgesichert sind, hilft den starren Charakter des Gegensatzes zwischen Eigentümern und Nichteigentümern zu überwinden. Der Staat (als Wohlfahrts- oder besser Sozialstaat) ist der Garant für diese Konstruktion: Die Sozialleistungen stellen einen Rechtsanspruch dar, sie sind ein sich er-

---

14 Jean Fourastié, Les trente glorieuses ou la révolution invisible de 1946 à 1975, Paris 1979, ist in dieser Hinsicht vielleicht am repräsentativsten und hat fast schon karikaturistische Züge.

15 Léon Bourgeois, Solidarité, Paris 1896. Hinter diesem Konzept läßt sich Émile Durkheims Modell organischer Solidarität erkennen, d. h. eine Form der Solidarität, die die soziale Zugehörigkeit in einer diversifizierten und geeinten (integrierten) Gesellschaft annehmen sollte.

weiterndes Modell sozialer Rechte, die das konkrete und im Kern universelle Gegenstück zu den bürgerlichen und politischen Rechten bilden.

An diesem Punkt ist anzumerken, daß die Hauptaufgabe des Sozialstaates – entgegen einer weitverbreiteten Behauptung – nicht in seiner redistributiven Funktion besteht. Die Umverteilung öffentlicher Gelder hat die hierarchische Struktur der Erwerbsarbeitsgesellschaft nur sehr oberflächlich berührt. Seine Rolle als Schutzinstanz war dagegen von zentraler Bedeutung. Nehmen wir das Rentensystem als Beispiel: Die Rentenhöhe entspricht ziemlich genau dem jeweiligen Einkommensniveau (niedriges Gehalt = niedrige Rente; hohes Gehalt = hohe Rente). Von Umverteilung im eigentlichen Sinne kann hier also kaum die Rede sein. Die Absicherungsfunktion der Rente jedoch ist von grundlegender Bedeutung, weil sie allen Beschäftigten die minimalen Voraussetzungen für ihre soziale Unabhängigkeit verschafft und ihnen damit die Möglichkeit bietet, auch in Zukunft mit »Ähnlichen« zusammen in einer Gesellschaft zu leben. Die Rente eines Arbeitnehmers, der nur den Mindestlohn bekam, ist zwar gering. Verglichen mit der Situation der Arbeiter vor der Einführung der Sozialversicherung, zum Beispiel mit der Situation der Proletarier zu Anfang der Industrialisierung, stellt sie jedoch eine spürbare qualitative Verbesserung dar. Dasselbe gilt für die Sozialleistungen im Bereich von Gesundheit oder Familie und für den Ausbau öffentlicher Dienstleistungen, die nicht oder kaum über den Markt geregelt werden. Das soziale Eigentum hat die »Klasse der Nichteigentümer«, die zu anhaltender sozialer Unsicherheit verdammt war, rehabilitiert, indem es ihr ein Mindestmaß an Ressourcen, Chancen und Rechten verschafft hat, mittels deren sie wenn schon keine Gesellschaft der Gleichen, so doch eine »Gesellschaft der Ähnlichen« bilden können.

Vor diesem Hintergrund leuchtet es ein, daß die Hauptfunktion des Staates in der Erwerbsarbeitsgesellschaft und sein größter Erfolg wohl darin besteht, die soziale Unsicherheit in den Griff bekommen zu haben, das heißt die *sozialen Risiken* effizient zu *reduzieren*. Dies ist ihm allerdings nur dank bestimmter, teils konjunktureller, teils struktureller Voraussetzungen gelungen. Zumindest an die zwei wichtigsten muß hier erinnert werden, um zu verstehen, warum er heute durch eine neuerlich wachsende soziale Unsicherheit in seiner Leistungsfähigkeit beeinträchtigt ist.

Das *Wirtschaftswachstum* ist die erste Voraussetzung dafür, daß dieses System überhaupt entstehen konnte. Zwischen 1953 und den frühen siebziger Jahren haben sich Produktivität, Konsum und Gehälter praktisch verdreifacht. Abgesehen von der eigentlichen wirtschaftlichen Dimension ist darin einen wesentlicher Faktor zu sehen, durch den die Ungleichheiten und die soziale Unsicherheit in der Erwerbsarbeitsgesellschaft reguliert werden konnten. Um es mit den Worten André Bergerons, eines Gewerkschaftlers dieser Zeit, zu sagen, gab es »Brot für alle«. Das bedeutet nicht nur, daß ein Wertzuwachs verteilt werden konnte. Es war darüber hinaus auch möglich, bei der Regelung sozialer Belange auf ein – wie man es nennen könnte – *Prinzip zeitlich verzögerter Befriedigung* zu setzen. Bei der Verhandlung zwischen »Tarifpartnern« fordert jede Seite mehr und hat den Eindruck, niemals genug zu erreichen. Insofern handelt es sich um eine konfliktuelle Verhandlung. Die Parteien können sich allerdings auch auf den Standpunkt stellen, daß sie morgen, in einem halben Jahr oder in einem Jahr schon mehr werden erreichen können. Insofern werden Enttäuschung und Unzufriedenheit als vorübergehend empfunden. Die Zukunft verspricht Besserung. Man kann damit rechnen, die Ungleichheiten schrittweise zu reduzieren und Armut und Prekarität, die in manchen gesellschaftlichen Nischen weiter fortbestehen, auszumerzen. Das nennt man sozialen Fortschritt, gegründet auf eine planbare Zukunft. Eine solche Überzeugung wird konkret als Möglichkeit erlebt, Initiativen zu ergreifen und Zukunftspläne zu schmieden: Man nimmt einen Kredit auf, um ein Eigenheim zu finanzieren, plant das Hochschulstudium seiner Kinder, entwirft – auch über Generationengrenzen hinweg – den sozialen Aufstieg.

Diese Planbarkeit der Zukunft erscheint mir für den Kampf gegen die soziale Unsicherheit von zentraler Bedeutung.[16] Sie funktioniert so lange, wie die Erwerbs-

---

16 In der Tat ist dieser Kampf Teil eines Prozesses, der zu Anfang der siebziger Jahre bei weitem noch nicht abgeschlossen ist. Anders gesagt: Armut und soziale Unsicherheit sind immer noch präsent. Allerdings lassen sie sich, verglichen mit der sich anscheinend durchsetzenden Dynamik, als residuell interpretieren. Das gilt beispielsweise für die sogenannte »Vierte Welt«, d.h. Menschen, die am Rande der Erwerbsarbeitsgesellschaft

49

arbeitsgesellschaft einer aufsteigenden Entwicklung zu folgen scheint, die die gemeinsamen Ressourcen maximiert und die Rolle des Staates als regulierenden Faktor dieser Transformationen stärkt. Diese Periode des Wirtschaftswachstums fällt nämlich auch mit der starken Wachstumsphase des Staates zusammen, der ein allgemeines Sozialversicherungssystem garantiert, sich bemüht, die Wirtschaft in keynesianische Bahnen zu lenken und zwischen den Partnern, die an dem

---

leben, die aber nicht die aufsteigende Gesellschaftsentwicklung in Frage stellen: Man unterstützt sie mehr oder weniger und wartet darauf, daß sie letztlich verschwinden. Darüber hinaus gibt es verschiedene Gruppen von Leistungsempfängern, die ein *Recht auf Hilfe*, nicht aber Anspruch auf bedingungslose Versicherungsleistungen über die Erwerbstätigkeit haben. Didier Renard bemerkt, daß »die Meinung, die Sozialversicherungen müßten die Hilfseinrichtungen überflüssig machen, schon zur Jahrhundertwende vorherrschend ist und sich bis zum Ende des Ersten Weltkrieges endgültig durchsetzt« (*Intervention de l'État et genèse de la protection sociale en France*, in: Lien social et politiques, Nr. 33, Frühjahr 1995, S. 108). Pierre Laroque, der im französischen Amt für Wirtschaftsplanung später zum Architekten des Sozialversicherungssystems wurde, stand den Hilfsleistungen besonders kritisch gegenüber und war der Überzeugung, man müsse sie langfristig abschaffen:»Die Hilfsleistungen sind geistig und moralisch entwürdigend. Diejenigen, die auf sie angewiesen sind, verlieren die Lust an Leistung. Sie sind dazu verdammt, in Armut vor sich hin zu vegetieren, und verlieren dadurch jede Hoffnung auf sozialen Aufstieg […]. Insofern lösen die Hilfsleistungen das Sozialproblem nur zum Teil und sehr unvollständig« (L'Homme nouveau, Nr. 1, Januar 1934).

Wachstumsprozeß mitwirken, zu vermitteln. Wir werden noch zeigen, inwiefern die Infragestellung dieser Dynamik zu einer neuerlich wachsenden sozialen Unsicherheit hat führen können.

Wenn man die Faktoren erfassen möchte, die dazu beigetragen haben, die soziale Unsicherheit weitgehend in den Griff zu bekommen, so gilt es einen zweiten, strukturellen Bestimmungsfaktor zu betrachten. Die Sozialversicherungsleistungen sind ganz wesentlich entstanden, weil *die Individuen kollektiven Vertretungsinstanzen angehörten.*

Wichtig ist immer weniger, was jeder einzelne besitzt, und immer mehr die Rechte, die sich die Gruppen, zu denen er gehört, erstreiten. Der Besitz ist nicht so bedeutend wie der kollektive Status, der durch eine gewisse Anzahl von Regeln definiert wird.[17]

Faktisch besitzt der Arbeiter als sich selbst überlassenes Individuum so gut wie nichts. Für ihn ist es lebensnotwendig, seine Arbeitskraft zu veräußern. Daher war die Vertragsbeziehung zwischen Arbeitgeber und Arbeitnehmer auch ein völlig ungleiches Tauschverhältnis zwischen zwei Individuen. Der Arbeitgeber kann seine Bedingungen diktieren, weil er Ressourcen besitzt, die dem Arbeitnehmer fehlen. Dadurch kann er die Verhandlung in seinem Sinne steuern. Wenn es jedoch *Tarifverträge* gibt, ist es nicht mehr das vereinzelte Individuum, das einen Vertrag abschließt. Es stützt sich hier vielmehr auf ein Regelwerk, das zuvor

---

17 Henri Hatzfeld, *La difficile mutation de la sécurité – propriété à la sécurité – droit,* in: Prévenir, Nr. 5, März 1982.

kollektiv ausgehandelt worden ist und einen Kompromiß zwischen kollektiv verfaßten Tarifpartnern darstellt. Das Individuum ist Teil einer bereits bestehenden Kollektivinstanz, die seine Stärke gegenüber dem Arbeitgeber ausmacht. Die Tatsache, daß man im Wortsinne auch von »Sozialpartnern« spricht, bedeutet ja gerade, daß hier Kollektivinstanzen miteinander in Bezug treten und nicht länger Individuen.

Das eben Gesagte gilt ganz allgemein für alle Institutionen der Erwerbsarbeitsgesellschaft. Arbeitsrecht und Sozialversicherungssystem sind kollektive Regulierungssysteme, nach Gruppenzugehörigkeit definierte Rechte, die oftmals nach Kämpfen und Konflikten zwischen Gruppen mit divergierenden Interessen errungen wurden. Das Individuum ist entsprechend seiner Zugehörigkeit geschützt, wobei diese Zugehörigkeit keine direkte Mitgliedschaft in »natürlichen« Gemeinschaften (die familiären, nachbarschaftlichen oder territorialen Netzwerke) mehr darstellt, sondern vielmehr in Kollektivorganen, die durch Regeln konstruiert sind und zumeist ein rechtliches Statut besitzen. Bei Arbeitsgemeinschaften, Gewerkschaftsvertretungen, arbeitsrechtlichen Kollektivregeln handelt es sich um nichts anderes als – wie es bei Hatzfeld heißt – ein »kollektives Statut, das durch eine gewisse Anzahl von Regeln definiert wird«, die dem einzelnen Schutz und Sicherheit bieten. In einer modernen, industrialisierten und urbanisierten Gesellschaft, in der die solidarische Hilfe zwischen Familienangehörigen und Nachbarn stark geschwächt, wenn nicht gar verschwunden ist, *bieten Kollektivinstanzen dem Individuum Sicherheit.*

Diese Vertretungsinstanzen sind jedoch komplex, zerbrechlich und kostspielig. Sie umfassen die Individuen nicht mehr unmittelbar, wie es die Familien- und Nachbarschaftsgemeinschaften taten. Außerdem benötigen sie starke staatliche Impulse, weil es oft der Staat ist, der sie fördert, legitimiert und finanziert. So ist es nicht weiter verwunderlich, daß die aktuellen Angriffe auf den Sozialstaat, die mit der Schwächung und dem Zusammenbruch der Kollektivorgane infolge eines Erstarkens von Individualisierungsprozessen zusammenhängen, zu einer neuen, massiven sozialen Unsicherheit geführt haben.

# Die Rückkehr der Unsicherheit

Der »große Wandlungsprozeß«, dem unsere westlichen Gesellschaften seit rund einem Vierteljahrhundert ausgesetzt sind, läßt sich insgesamt als *Krise der organisierten Moderne* beschreiben. Damit bezeichnet Peter Wagner jene kollektiven Regelungssysteme, die seit dem ausgehenden 19. Jahrhundert entwickelt wurden, um die erste Krise, die Krise der »restringierten Moderne«,[1] zu überwinden. Wie wir gesehen haben, war diese daran gescheitert, die große Verheißung des Liberalismus in die Tat umzusetzen und die Prinzipien der Autonomie des Individuums und der Rechtsgleichheit auf die gesamte Gesellschaft auszudehnen. Eine Gesellschaft kann nicht ausschließlich auf einer Gesamtheit von Vertragsbeziehungen zwischen freien und gleichen Individuen aufbauen, weil sie dann all jene, vor allem aber die Mehrheit der Arbeiter, ausschließt, denen ihre Existenzbedingungen nicht die notwendige soziale Unabhängigkeit bieten, um gleichberechtigt an einer kontraktuellen Gesellschaftsordnung teilzunehmen. »Nicht alles ist vertraglich beim Vertrag.«[2] Das hatte bereits Émile Durkheim als ausgesprochen hell-

---

1 Peter Wagner, Soziologie der Moderne, Frankfurt am Main/New York 1995.
2 Émile Durkheim, Über soziale Arbeitsteilung. Studie über die Organisation höherer Gesellschaften, Frankfurt am Main 1999, S. 267.

sichtiger Beobachter des Scheiterns der liberalen Moderne im ausgehenden 19. Jahrhundert erkannt und als Antwort darauf die Soziologie begründet. Soziologie bedeutet hier, sich der Stärke der Kollektivinstanzen bewußt zu werden. Die (neuerliche) Verankerung der Individuen in kollektiven Organisationssystemen ist eine Reaktion auf gesellschaftliche Auflösungserscheinungen der Moderne. Sie ist eine Antwort auf die sich aufdrängende Forderung nach Sicherungsleistungen infolge der Erkenntnis, daß der Liberalismus unfähig ist, eine stabile und integrierte Gesellschaft zu begründen. Dies geschieht dadurch, daß soziale Rechte geschaffen werden und der Staat zunehmend in eine soziale Rolle schlüpft, wobei Recht und Staat als Inbegriff des Kollektiven gelten.

Diese Antwort wird im Laufe des 20. Jahrhunderts und insbesondere nach dem Zweiten Weltkrieg entwickelt, sie geht mit der Entwicklung des Industriekapitalismus einher. Die Macht der Großunternehmen, eine standardisierte Arbeitsorganisation und mächtige Gewerkschaften sorgen für die Dominanz dieser kollektiven Regulierungsformen. Die Arbeiter, die sich zu großen Verbänden zusammenschließen und von ihnen vertreten werden, beugen sich den Anforderungen des sich entwickelnden Industriekapitalismus und profitieren im Gegenzug von umfassenden Sozialleistungen auf der Basis stabiler Beschäftigungsbedingungen. Das Gesellschaftsmodell, das sich im Verlauf der organisierten Moderne herausbildet, ist das einer Gesamtheit homogener Berufsgruppen, deren Dynamik im Rahmen des Nationalstaates gesteuert wird. Die beiden Pfeiler, auf denen die kollektiven Sicherungssysteme

errichtet wurden – der Staat und die homogenen so-
zioprofessionellen Gruppen –, beginnen nun seit den
siebziger Jahren brüchig zu werden.

## Individualisierung und
## Entkollektivierung

Das liegt vor allem am Machtverlust des Staates, ver-
standen als *national-sozialer Staat*,[3] der innerhalb des
geographischen und symbolischen Rahmens der Nation ein kohärentes Sozialversicherungssystem garantieren kann, weil er die Kontrolle über die wichtigsten

---

3 Es versteht sich von selbst, daß der Begriff national-sozialer Staat nichts mit dem faschistischen Nationalsozialis-
mus zu tun hat. Dieser Ausdruck eignet sich einfach am
besten, um die Politik der wichtigsten westeuropäischen
Staaten nach dem Zweiten Weltkrieg zu beschreiben. Diese haben ungeachtet spezifischer nationaler Gegebenhei-
ten Sozialpolitiken vergleichbarer Tragweite entwickelt:
Durch die Steuerung der Wirtschaftsentwicklung konnte jeder Staat soziale Maßnahmen ergreifen, wie sie vergleichbar auch in den Nachbarstaaten getroffen wurden,
da sie diese Ressourcenallokationen im internationalen
Wettbewerb nicht schlechter stellten. (Außerdem wurde diese Politik der europäischen Nationalstaaten durch
die ungleichen Austauschbeziehungen erleichtert, die sie
aufgrund ihrer dominanten internationalen Stellung mit
ihren Kolonien, ehemaligen Kolonien und Ländern der
Dritten Welt unterhielten.) Étienne Balibar benutzt den
Begriff national-sozialer Staat in ähnlicher Bedeutung.
Vgl. *Entretien avec Étienne Balibar*, in: Mouvements,
Nr. 1, November–Dezember 1998.

Wirtschaftsparameter behält. Damit kann er im Sinne des gesellschaftlichen Zusammenhalts einen Ausgleich finden zwischen wirtschaftlicher und sozialer Entwicklung. Das entspricht genau dem Geist keynesianischer Politik, die diese beiden Bereiche im Rahmen einer wohltemperierten Planung zirkulär aneinanderschließt, um zwischen Produktion (Angebot) und Nachfrage auf nationaler Ebene ein gewisses Gleichgewicht zu schaffen.

Von den frühen siebziger Jahren an ist der Nationalstaat infolge der zunehmenden Zwänge durch die europäische Einigung und die Globalisierung der Handelsbeziehungen dieser Aufgabe der Wirtschaftssteuerung im Dienst eines gesellschaftlichen Gleichgewichts immer weniger gewachsen. Als die sozialistische Regierung in Frankreich im Jahre 1981 mit ihrem Versuch scheiterte, die Wirtschaft zu beleben, wurde dies als Beweis für die Unfähigkeit von Nationalstaaten empfunden, den Markt einzuhegen. Angesichts der Herausforderung durch die internationale Konkurrenz fällt die Führungsaufgabe nunmehr dem *Unternehmen* zu, dessen Produktionskapazitäten maximiert werden müssen. Dadurch verkehrt sich die Einschätzung der Rolle des Staates jedoch in ihr Gegenteil. Er erscheint nun in zweifacher Hinsicht als kontraproduktiv: Einerseits belastet er die Arbeit durch die gesetzlich vorgeschriebene Finanzierung der Lohnnebenkosten. Andererseits setzt er der Forderung nach maximaler Wettbewerbsfähigkeit der Unternehmen auf dem internationalen Markt, die sich nicht weiter um die daraus entstehenden gesellschaftlichen Kosten schert, gesetzliche Grenzen. Das

Ziel besteht nunmehr darin, die Lohn- und Lohnnebenkosten zu senken und damit die Kapitalrentabilität zu erhöhen sowie den Einfluß allgemeiner Beschränkungen durch die gesetzlich vorgesehene Reglementierung der Arbeitswelt zu reduzieren.

Gleichzeitig wird der zweite, komplementäre Schutzwall zunehmend brüchig, dem es bis zu einem gewissen Grad gelungen war, den Markt einzuhegen. Es handelt sich dabei um *die großen kollektiven Organisationsformen der Vertretung von Arbeitnehmerinteressen.* Die »Erwerbsarbeitsgesellschaft«, die nach dem Zweiten Weltkrieg entsteht, ist um gewerkschaftliche Arbeiterorganisationen und Berufsgruppenverbände organisiert, die ihre Politik auch landesweit ausüben. Sie repräsentieren das ganze Gewicht der großen, homogenen Berufsgruppen, die bei den Verhandlungen zwischen den »Tarifpartnern« als kollektive Akteure auftreten. Diese kollektive Interessenvertretung der Arbeitswelt bildet Synergien mit den Verwaltungsmodalitäten der staatlichen Bürokratien, die die Bevölkerung entsprechend ihrer Beschäftigung, Gehaltsklasse, Qualifikationshierarchie und Karrierewege in homogene Gruppen einteilen. Der »soziale Kompromiß«, der die Wachstumsperiode kennzeichnet, ist ein mehr oder weniger stabiles Gleichgewicht, das nach Wirtschaftszweigen und Berufsgruppen ausgehandelt wurde und das Ergebnis von Tarifverträgen zwischen Gewerkschaften und Arbeitgeberverbänden unter staatlicher Ägide darstellt. Es gab so etwas wie eine positive Wechselwirkung zwischen den kollektiv strukturierten Arbeitsbeziehungen, der Macht der Massengewerkschaften, der Homogenität der arbeitsrechtlichen Regelungen und der allgemeinen Form staatlicher Interventionen, durch die ein kollektives Management der Sozialkonflikte möglich wurde.

Diese Homogenität der Berufsgruppen und, ganz allgemein, der kollektiven Regelungsinstanzen ist in ihren Grundfesten erschüttert. Massenarbeitslosigkeit und zunehmend unsichere Arbeitsbeziehungen wirken sich nicht nur auf die unterschiedlichen Arbeitnehmergruppen aus, wobei es die unteren Stufen der Erwerbshierarchie besonders hart trifft. Sie führen auch dazu, daß *innerhalb einer Gruppe von Arbeitnehmern* beträchtliche Ungleichheiten entstehen – zum Beispiel zwischen zwei Arbeitern, aber auch zwischen zwei leitenden Angestellten, die dasselbe Qualifikationsniveau besitzen und von denen der eine seinen Arbeitsplatz behält, während der andere arbeitslos wird.[4] Dadurch tritt an die Stelle der Solidarität, die früher innerhalb der Berufsstände herrschte, zunehmend eine *Konkurrenz zwischen Gleichen*. Die Angehörigen einer Arbeitnehmergruppe sind nicht länger durch gemeinsame Ziele geeint, die der Gruppe in ihrer Gesamtheit zugute kommen. Jeder einzelne muß vielmehr seine Differenz in den Vordergrund stellen, um seine eigenen Arbeits- und Lebensbedingungen zu sichern beziehungsweise zu verbessern.[5]

Wenn heute davon die Rede ist, daß die Arbeitswelt umstrukturiert und den Unternehmensprozessen Vorrang eingeräumt werden müsse, um angesichts einer

---

4 Vgl. Jean-Paul Fitoussi/Pierre Rosanvallon, Le Nouvel Âge des inégalités, Paris 1997.

5 Vgl. Éric Maurin, L'Égalité des possibles, Paris 2002.

ungezügelten Konkurrenz und der Globalisierung der Handelsbeziehungen wettbewerbsfähig zu bleiben, wird also eine andere, im Grunde gegenteilige Dynamik der Arbeitsbeziehungen heraufbeschworen, mit der das Wirtschaftswachstum nunmehr gesichert werden soll. Ein flexibles und individualisiertes Arbeitsmanagement tritt an die Stelle einer kollektiven Organisation auf der Basis stabiler Beschäftigungslagen. Wenn man diese Entwicklung mit Abstand betrachtet, zeigt sich, daß es sich bei den Wandlungsprozessen des Kapitalismus, die seit den frühen siebziger Jahren ihre Wirkung entfalten, im Grunde um eine *allgemeine Flexibilisierung* der Arbeitsbeziehungen, der beruflichen Karrierewege und der Sozialversicherungsleistungen handelt, die an den Angestelltenstatus gekoppelt sind. Diese Dynamik bringt zugleich eine Entkollektivierung, eine neuerliche Individualisierung und einen Abbau der Sicherungsleistungen mit sich. Sie betrifft mehrere Bereiche.

Bei der Organisation der Produktion läßt sich zunächst einmal eine, wie es bei Ulrich Beck heißt, »Entstandardisierung der Erwerbsarbeit«[6] beobachten. Die Individualisierung der Arbeitsprozesse erfordert die Mobilität, Anpassungsfähigkeit und Verfügbarkeit der Ausführenden. Das ist die konkrete Umsetzung der *Flexibilitätsnorm:* An die Stelle langer Ketten immer gleicher Arbeitsschritte, die austauschbare Arbeiter im Rahmen einer Hierarchieordnung ausführen, tritt nun die Übertragung der Verantwortung auf jeden einzelnen Mitarbeiter beziehungsweise auf kleine Ar-

---

6 Ulrich Beck, Risikogesellschaft. Auf dem Weg in eine andere Moderne, Frankfurt am Main 1986, Kapitel VI.

beitsgruppen, die die Produktion eigenverantwortlich leiten und die Produktqualität gewährleisten müssen. Im Grunde kann ein kollektiver Arbeitsverbund sogar vollständig aufgelöst werden. Das Unternehmen muß seine Mitarbeiter nicht unbedingt an einem Ort zusammenführen. Das gilt zum Beispiel für eine vernetzte Arbeitsorganisation, wo die Mitarbeiter für die Dauer eines Projekts miteinander in Kontakt treten, im Anschluß daran wieder auseinandergehen und sich gegebenenfalls im Rahmen eines weiteren Projekts erneut zusammenfinden.[7]

Dadurch werden auch die *beruflichen Karrierewege* selbst flexibler. Immer seltener verläuft eine Karriere im Rahmen ein und desselben Unternehmens über vorgezeichnete Etappen bis hin zum Renteneintritt. Ein neues »Biographiemuster« (Ulrich Beck) entsteht: Jeder einzelne ist für die Unwägbarkeiten seiner nunmehr diskontinuierlichen beruflichen Entwicklung verantwortlich, muß Entscheidungen treffen, sich rechtzeitig weiterbilden. Auch hier muß der Arbeitnehmer im Grunde zu einem Ich-Unternehmer werden, »seinen Arbeitsplatz nicht so sehr besetzen als gestalten und seine Karriere außerhalb der linearen Standardmuster des fordistischen Unternehmens planen«.[8] Da er sich jedoch dabei nicht mehr auf kollektive Regelungssysteme stützen kann, wird er anfälliger und verwundbarer.

---

7 Vgl. Luc Boltanski/Ève Chiapello, Der neue Geist des Kapitalismus, Konstanz 2003.

8 Pierre-Michel Menger, Portrait de l'artiste en travailleur, Paris 2002.

Natürlich sind nicht alle Arbeitsprozesse und Berufswege in demselben Maße diesen *Flexibilisierungszwängen* unterworfen. Sie sind vor allem in den High-Tech-Bereichen der Arbeitsorganisation spürbar, die ganz von den neuen Technologien (»New Economy«, »Net Economy«, »Informationsrevolution«, »immaterielles Arbeiten«, »kognitiver Kapitalismus« und dergleichen) dominiert werden.[9] Es handelt sich dabei jedoch um besonders dynamische Sektoren. Die Zwänge, die sie modellhaft verkörpern, haben sich auch in unterschiedlichem Maße in den meisten Produktionsbereichen durchgesetzt. Man sollte daher nicht so sehr die modernen und die traditionellen oder archaischen Formen der Arbeitsorganisation einander gegenüberstellen, sondern statt dessen auf die große Ambivalenz dieses Individualisierungs- und Entkollektivierungsprozesses verweisen, der sich in den verschiedensten Konfigurationen der Arbeitsorganisation niederschlägt und – wenngleich in unterschiedlichem Grad und in unterschiedlicher Form – fast alle Arbeitnehmergruppen, den angelernten Hilfsarbeiter nicht anders als den Gründer eines Start-ups, betrifft.[10]

---

9 Vgl. Yann Moulier-Boutang, *Capitalisme cognitif et nouvelles formes de codification du rapport salarial*, in: Carlo Vercellone (Hg.), Sommes-nous sortis du capitalisme industriel?, Paris 2003.

10 Vgl. die Analyse der Auswirkungen dieser Transformationsprozesse in einer klassischen Hochburg industrieller Arbeitsorganisation, in den Autowerken Peugeot in Sochaux-Montbéliard: Stéphane Beaud/Michel Pialoux, Die verlorene Zukunft der Arbeiter. Die Peugeot-Werke von Sochaux-Montbéliard, Konstanz 2004.

Natürlich bedeutet diese Individualisierung der Arbeitsaufgaben und der Berufswege auch eine größere Verantwortung der ausführenden Arbeiter. Jeder einzelne muß sich den verschiedenen Situationen stellen, die Veränderungen verarbeiten, eigenverantwortlich handeln. In gewisser Hinsicht ist der Industriearbeiter jener kollektiven Zwänge entbunden, die etwa im Rahmen der tayloristischen Arbeitsorganisation als belastend empfunden werden konnten. Andererseits ist er gewissermaßen *zur Freiheit verdammt.* Er muß Leistung bringen und ist doch gleichzeitig weitgehend auf sich selbst gestellt. Die Zwänge sind nämlich keineswegs verschwunden. In einem Kontext verschärfter Konkurrenz und stets drohender Arbeitslosigkeit gewinnen sie tendenziell sogar an Bedeutung.

Allerdings sind diesen Anforderungen nicht alle gleichermaßen gewachsen. Manche Gruppen von Arbeitnehmern profitieren zweifellos von diesem individualistischen Anpassungsprozeß. Sie maximieren ihre Chancen, bauen ihr Potential aus, entdecken an sich ungeahnte unternehmerische Fähigkeiten, die unter bürokratischen Zwängen und strengen Regelungen bisher vielleicht verkümmerten. Insofern enthalten die neoliberalen Lobgesänge auf das unternehmerische Denken einen wahren Kern. Andererseits bleibt dort aber auch vieles ungesagt. So wird die elementarste soziologische Erkenntnis einfach unterschlagen, daß diese allgemeine Flexibilisierung neue Trennlinien in Arbeitswelt und Gesellschaft zieht. Es gibt Gewinner dieser Veränderungsprozesse, die die neuen Gelegenheiten wahrnehmen und sich selbst dadurch beruflich und persönlich entfalten können.[11] Es gibt aber auch all jene, die mit dieser Situation, in der die Karten völlig neu gemischt sind, nicht zurechtkommen und durch die neuen Umstände ins Hintertreffen geraten.

Die Trennlinie zwischen Gewinnern und Verlierern verläuft jedoch nicht zufällig. Sieht man einmal von den unterschiedlichen Fähigkeiten der Individuen ab, die in der Tat zufällig verteilt sein mögen, so verläuft sie im Grunde entlang der objektiven Ressourcen und der organisatorischen Basis, auf die sich die Individuen stützen können, um mit diesen neuen Situationen zurechtzukommen. Die organisatorische Basis ist jedoch für all jene, die ausschließlich über Ressourcen verfügen, die sie aus ihrer Arbeit beziehen, im wesentlichen kollektiver Natur. Es sei an dieser Stelle noch einmal wiederholt: Diejenigen, die über

---

11 Allerdings sollte in diesem Punkt der Optimismus des Managementdiskurses relativiert werden. Die Flexibilisierung zwingt die Arbeiter häufig dazu, an ihre Arbeitsaufgaben mit übertriebenem Engagement heranzugehen, sich von den Arbeitsnormen auch außerhalb der Arbeitszeiten förmlich auffressen zu lassen. Insofern kann sie selbst hochrangige leitende Angestellte an den Rand der Erschöpfung treiben und demotivieren (vgl. hierzu die umfangreiche angelsächsische Literatur zum Thema *burnout*). Auch wenn sich ein Trend zu einer Verringerung der gesetzlichen Arbeitszeit beobachten läßt (vgl. das in Frankreich verabschiedete Gesetz zur 35-Stunden-Woche), scheint die Intensivierung der Arbeitslast eine allgemeine Charakteristik der modernen Neuorganisation der Produktion auf allen Ebenen zu sein (vgl. beispielsweise Bernard Vivier, La Place du travail, Rapport du Conseil économique et social, Paris 2003).

kein anderes wirtschaftliches, kulturelles oder auch gesellschaftliches »Kapital« verfügen, *sind auf kollektive Sicherungsformen angewiesen.* In der Arbeitswelt sind dies vor allem solidarische Beziehungen, die aus einer gemeinsamen Lage oder aus der geteilten Unterordnung resultieren. Diese Bindungen waren oftmals die Grundlage dafür, daß sich die mittellosesten Arbeiter organisieren, Widerstand leisten und in einem gewissen Rahmen von den unmittelbarsten Formen der Ausbeutung freimachen konnten, gerade weil sie solidarische Gemeinschaften gebildet hatten. Darüber hinaus sind es jedoch auch die Tarifverträge, die arbeitsrechtlichen Bestimmungen und die gesetzlich garantierten Sozialleistungen, die ihr Dasein sicherten und es ihnen erlaubten, mit der Ungewißheit der Zukunft fertig zu werden. Daher ist es leicht nachzuvollziehen, daß sie erneut in die soziale Unsicherheit abstürzen, wenn diese kollektiven Systeme voneinander abgekoppelt werden.

## Die Wiederkehr der gefährlichen Klassen

Die gesellschaftspolitischen Folgen, die sich aus dieser Verschlechterung der Sicherheitsbedingungen ergeben, lassen sich auf zweierlei Art interpretieren. Die erste Lesart erkennt in diesen Verlustsituationen vor allem eine *Entsozialisierung der Individuen.* In unzähligen Veröffentlichungen über die soziale Ausgrenzung wurde die Auflösung der gesellschaftlichen Verbundenheit fast schon bis zum Überdruß von allen Seiten beleuchtet. Angeblich markiert dieser Auflösungsprozeß den Bruch der Individuen mit ihren sozialen Bezugssystemen und überläßt die Menschen sich selbst und ihrer Nutzlosigkeit. Die »sozial Ausgegrenzten« sind demnach eine Ansammlung (und keine Gemeinschaft) von Individuen, die nichts anderes gemeinsam haben als denselben Mangel. Sie werden ausschließlich negativ definiert, als handle es sich um völlig entsozialisierte, freischwebende Elektronen. Ordnet man einen Langzeitarbeitslosen und einen Jugendlichen aus den Satellitenstädten der großen Metropolen mit wenig Aussicht auf einen Job demselben Exklusionsschema zu, so verkennt man, daß sie weder dieselbe Vergangenheit noch dieselbe Gegenwart oder dieselbe Zukunft haben und daß ihre Lebenswege völlig unterschiedlich sind. Das hieße, so zu tun, als würden sie außerhalb der Gesellschaft leben.

Niemand, nicht einmal der »sozial Ausgegrenzte«, existiert jedoch außerhalb der Gesellschaft. *Die Entkollektivierung selbst ist eine kollektive Situation.* Übereilt wurde behauptet, es gebe keine sozialen Klassen oder konstituierten Gruppen mehr, weil diese Kollektiveinheiten die Geschlossenheit und Dynamik eingebüßt hätten, durch die sie sich als eigenständige soziale Akteure hatten bilden können (wobei im übrigen Einheitlichkeit und Schlagkraft der »Arbeiterklasse« oder der »aufstrebenden Bourgeoisie« durchaus mythisch überhöht wurden). Man übersah schlicht, daß es auch Klassen oder Gruppen geben kann, deren *gemeinschaftliche* Entwicklung nicht unbedingt in eine glorreiche Zukunft führt, sondern daß sie vielmehr die größte Last des Elends dieser Welt zu tragen haben.

Manche Gruppen, deren *gemeinsame Lebensbedingungen* sich verschlechtern, befinden sich in einer Situation des sozialen Abstiegs. Sie bilden einen ausgezeichneten Nährboden, auf dem ein Gefühl der Unsicherheit wächst und den es näher zu untersuchen gilt, um das Kollektive dieses Gefühls zu verdeutlichen.

Es ist ein allgemeiner geschichtlicher Prozeß: Der Aufstieg dominanter Gruppen geht zu Lasten anderer Gruppen, deren Niedergang dadurch eingeleitet wird. Die Auswirkungen dieser Dynamik lassen sich anhand des *Poujadismus* veranschaulichen, der auffällige Ähnlichkeiten mit der gegenwärtigen Situation aufweist. In den fünfziger Jahren war der Poujadismus eine Reaktion bestimmter Berufsgruppen, die bei der nationalstaatlich betriebenen Modernisierung der französischen Gesellschaft auf der Strecke geblieben waren. Während der Angestelltensektor immer weiter wächst und zunehmend an Boden gewinnt, die öffentliche Verwaltung immer mehr Einfluß auf die Gesellschaft nimmt, der Staat die Wirtschaftsstrukturen plant und durchrationalisiert, haben ganze Berufsgruppen – wie Handwerker und kleine Geschäftsinhaber – den Eindruck, auf der Strecke zu bleiben. Sie sind Opfer einer wirtschaftlichen Entwicklungs- und sozialen Fortschrittsdynamik, für die sich gute Gründe (Stichwort: Modernisierung) anführen lassen, in der sie jedoch keinen Platz mehr haben. Die Verzweiflung über fehlende Zukunftsperspektiven wird zweifellos von jedem einzelnen Mitglied dieser gesellschaftlichen Gruppen individuell empfunden. Ihre Reaktion jedoch ist kollektiver Natur, und sie ist voller *Ressentiments*. Das Ressentiment ist eine starke Triebfeder gesellschaftlicher und politischer Aktionen oder Reaktionen, die noch nicht hinreichend erforscht wurde.[12] Es handelt sich dabei um eine Mischung aus Mißgunst und Verachtung, die auf *Unterschieden zwischen sozialen Lagen* fußt und bei der man die Verantwortung für das eigene Unglück bei jenen Gruppen sucht, die sich auf der sozialen Leiter knapp oberhalb oder knapp unterhalb der eigenen Position befinden. Das zeigte zum Beispiel der Zorn der kleinen Geschäftsinhaber und Handwerker auf die Angestellten und Beamten, die über ein vergleichbares Gehalt verfügten, dafür jedoch weniger arbeiten mußten, eine Reihe von sozialen Vergünstigungen genossen und vor allem einer sicheren Zukunft entgegenzublicken schienen. Das kollektive Ressentiment nährt sich aus einem Gefühl erlittenen Unrechts, das gesellschaftliche Gruppen empfinden, deren Status sich verschlechtert und die sich der Vorteile ihrer vorherigen Situation beraubt fühlen. Es ist eine *kollektive Frustration*, die nach Schuldigen oder Sündenböcken sucht.

Sieht man einmal von den spezifischen Besonderheiten des Poujadismus (der im übrigen wie der Lepenismus den Namen einer charismatischen Führerpersönlichkeit trägt)[13] ab, so enthält er eine strukturelle Dimension, mit der sich die Reaktion gesellschaftlicher Gruppen erklären läßt, die infolge des sozialen Wandels

---

12 Vgl. allerdings Pierre Ansart (Hg.), Le Ressentiment, Brüssel 2002.

13 Der jüngste Abgeordnete, der während der poujadistischen Welle 1956 ins Parlament einzog, war im übrigen niemand anderer als Jean-Marie Le Pen.

an Bedeutung verloren haben. Seit etwa zwanzig Jahren erfolgt die Modernisierung in einem zunehmend ausgeprägten europäischen und globalen Kontext. Die gesellschaftlichen Gruppen, die davon am nachhaltigsten in Mitleidenschaft gezogen werden, sind nicht mehr Bauern, Handwerker, kleine Geschäftsinhaber, Freiberufler alter Prägung, also jene Gruppen, die ehemals die Basis des traditionellen Frankreich bildeten und sich bereits weitgehend aufgelöst haben. Heute handelt es sich zu großen Teilen um Gruppen, die in der Industriegesellschaft einen zentralen Platz eingenommen haben beziehungsweise hätten einnehmen können: um große Teile der in den Jahren des Wachstums integrierten Arbeiterklasse, um bestimmte Gruppen von Angestellten, vor allem gering Qualifizierte, und junge Arbeitnehmer aus unteren Gesellschaftsschichten, die früher nach der Lehre oder dem Schulabschluß ohne weiteres einen sicheren Arbeitsplatz gefunden hätten. Wir leben nicht nur in einer Zeit der Massenarbeitslosigkeit, sondern auch in einer Zeit der *beruflichen Entqualifizierung* der Massen, insbesondere der unteren Bevölkerungsmilieus.[14] Im Zuge der Entindustrialisierung haben berufsbildende Schulabschlüsse, die ehemals einen Platz im Arbeitsleben garantierten, deutlich an Wert verloren. Welche Zukunft wird ein junger Erwerbstätiger mit einer Schlosserausbildung in

---

14 Diese kollektive Dimension von Situationen eines gesellschaftlichen Bedeutungsverlusts im Zusammenhang mit dem Niedergang der Arbeiterbewegung wird in Beaud/Pialoux, Die verlorene Zukunft der Arbeiter, anschaulich dargestellt.

Europa noch haben? Oder, allgemeiner gesagt: Welche Bedeutung werden all die hochspezialisierten Ausbildungen, die an präzise Arbeitsvorgänge gebunden sind und an ein älteres Stadium der Arbeitsteilung gemahnen, in Zukunft in Europa noch haben? Sie scheinen ihre Inhaber zur Immobilität zu verurteilen, während die Zukunft allem Anschein nach jenen gehört, die sich als mobil und anpassungsfähig erweisen.

Die Wahlen vom April 2002 haben – was eigentlich niemanden hätte überraschen dürfen – deutlich gemacht, daß der Front national seinen Erfolg gerade jenen Bevölkerungsgruppen verdankt, die ehemals wahlpolitisch und gesellschaftlich links zu verorten waren.[15] Auch wenn eine gewisse rechtsextremistische oder kryptofaschistische Grundeinstellung bei dieser Wahlentscheidung angesichts der politischen Brisanz nicht vernachlässigt werden sollte, erscheint sie mir aus soziologischer Perspektive weniger bedeutsam. Soziologisch gesehen, handelt es sich im wesentlichen um eine »poujadistische« Reaktion. Sie speist sich daraus, daß die Menschen den Eindruck haben, auf sich allein gestellt zu sein, und ein Ressentiment gegenüber anderen Gesellschaftsgruppen und deren

---

15 Vgl. Michel Pialoux/Florence Weber, *La gauche et les classes populaires. Réflexions sur un divorce*, in: Mouvements, Nr. 23, September–Oktober 2002, einer unter vielen Versuchen, diesen »überraschenden Wahlerfolg« bei den Präsidentschaftswahlen vom April 2002 zu erklären (als der Kandidat des Front national bei Arbeitslosen, Arbeitnehmern in unsicheren Beschäftigungsverhältnissen und bestimmten Arbeiter- und Angestelltengruppen von allen Kandidaten am besten abschnitt).

politischen Repräsentanten empfinden, die aus den Veränderungsprozessen Profit ziehen und sich nicht weiter für das Schicksal der Modernisierungsverlierer interessieren. Mit diesem Schema ließe sich im übrigen auch die Wahl linksextremistischer Parteien erklären. Da keine glaubwürdige Aussicht auf eine umfassende gesellschaftliche Umgestaltung besteht, handelt es sich dabei eben auch um eine Protestwahl, die sogar – warum sollte man es nicht aussprechen dürfen – von einem gewissen Ressentiment getragen wird.

Wenn man nicht gerade seinen sozialen Tod in Kauf nehmen will, mag es heutzutage notwendig sein, sich auf das Spiel des Wandels, der Mobilität, der ständigen Anpassung und Umschulung einzulassen. Andererseits ist es jedoch offensichtlich, daß manche gesellschaftlichen Gruppen auf diese neue Situation besonders schlecht vorbereitet sind; man muß auch hinzufügen, daß recht wenig unternommen wurde, um ihnen dabei zu helfen (zum Beispiel gingen die Flexibilitätszwänge in den Unternehmen selten mit effizienten Begleitmaßnahmen zur Umschulung der betroffenen Arbeitnehmer einher). Bestenfalls werden diese Gesellschaftsgruppen daher die Lohnsklaven der Weltwirtschaft sein. Schlimmstenfalls »nicht vermittelbar« geworden, werden ihre Mitglieder eventuell dazu verdammt sein, an den Nahtstellen einer sozialen Welt zu überleben, die ausschließlich nach Effizienz- und Leistungskriterien neu strukturiert wurde.

Das ist jedoch ein mächtiger Faktor wachsender Unsicherheit. Wenn es stimmt, daß die Unsicherheit heute wieder zunimmt, dann liegt das vor allem auch daran, daß Teile der Bevölkerung die Überzeugung gewonnen haben, daß sie auf der Strecke geblieben und unfähig sind, in einer sich immer rascher wandelnden Welt Einfluß auf ihre Zukunft zu nehmen. Da kann es nicht verwundern, daß ihre Werte sich eher an der Vergangenheit orientieren als an einer Zukunft, die als bedrohlich empfunden wird. Das Ressentiment ist kein Gefühl, das zu Großzügigkeit oder Risikobereitschaft prädisponiert. Es führt zu einer Abwehrhaltung, die sich dem Neuen, dem Pluralismus und der Differenz verschließt. Anstatt andere gesellschaftliche Gruppen in ihrer Diversität zu akzeptieren, suchen diese zu kurz Gekommenen nach einem Sündenbock, dem sie die Schuld für ihre Verlassenheit in die Schuhe schieben können.

Wir haben bereits darauf hingewiesen, daß der Poujadismus als übergeordnetes Konzept, für das der Lepenismus lediglich eine moderne Variante darstellt, die sozialen Konflikte auf direkt benachbarte gesellschaftliche Gruppen projizierte. Früher hatte der selbständige Arbeiter nur Neid und Geringschätzung für den Angestellten übrig, der einen konkreten Berufsstatus besaß, zu Unrecht gesellschaftliche Privilegien genoß, in Urlaub fuhr und in aller Ruhe auf seine Rente wartete, während der Inhaber eines Tante-Emma-Ladens um fünf Uhr morgens aufstand, seine Produkte in den *Halles* einkaufte und sich bis neun Uhr abends in seinem Geschäft abrackerte. Heute ist es dagegen der Rassismus gegenüber dem angeblich weniger qualifizierten, jedoch gefügigeren Einwanderer, der in der Konkurrenz um einen Arbeitsplatz angeblich bevorzugt behandelt wird, Sozialleistungen in Anspruch nimmt, die eigentlich den »richtigen« Franzosen zustehen sollten, und sich benimmt, als befände er sich in Feindesland, wo er doch in Wahrheit nur ein Sozialschmarotzer ist. Daß diese Vorstellungen zumeist falsch sind, ist hier zweitrangig. Sie sind heute so weit verbreitet und haben ein solches Gewicht, daß sie sich nicht einfach mit moralischen Urteilen ausräumen lassen.

Im übrigen kann man von benachteiligten gesellschaftlichen Gruppen kaum erwarten, daß sie sich selbst soziologisch unter die Lupe nehmen und ihre Lage theoretisch ergründen (das Industrieproletariat des 19. Jahrhunderts hat lange gebraucht, bis es sich zu einer Arbeiterklasse entwickelt hat). Es ist leicht nachvollziehbar, daß eine soziale Reaktion den kürzesten Weg einschlägt und von langen Begründungsketten absieht, mit denen eigentlich sämtliche Erklärungsfaktoren einer Situation, die oft selbst diplomierten Wirtschaftswissenschaftlern und Sozialforschern entgehen, dargelegt werden müßten. Das Ressentiment als *soziale* Reaktion auf *soziales* Leid zielt auf Gruppen im direkten Statuswettbewerb. Es handelt sich um eine Reaktion von Angehörigen der Gruppen am unteren Ende der sozialen Leiter, die sich selbst in einer Situation der Deprivation und in Konkurrenz mit anderen, ebenso oder stärker deprivierten Gruppen befinden (wie die Weißen in den Südstaaten Amerikas, die nach dem Sezessionskrieg ruiniert waren und mit den Schwarzen zusammenleben mußten, welche zwar mindestens ebenso arm waren, dafür jedoch ihre Freiheit gewonnen hatten). Sie suchen nach Gründen, um ihre Lage zu begreifen, und maßen sich durch Ausländerhaß und rassistische Verachtung Überlegenheit an. Offensichtlich haben auch wir heute unsere weiße Unterschicht, die *petits blancs*.[16]

Vor diesem Hintergrund läßt sich der paradigmatische Charakter des »*Vorstadtproblems*« in bezug auf die gegenwärtige Unsicherheitsthematik besser einordnen. In den »Brennpunktvierteln« kumulieren die wesentlichen Faktoren, aus denen ein Gefühl der Unsicherheit erwächst: hohe Quote von Arbeitslosen und von Arbeitnehmern in unsicheren beziehungsweise marginalen Beschäftigungsverhältnissen; heruntergekommenes Wohnumfeld; seelenloser Städtebau; unterschiedliche ethnische Gruppen, die nebeneinanderleben; beschäftigungslose Jugendliche, die den ganzen Tag herumlungern und ihre Nutzlosigkeit für die Gesellschaft demonstrativ zur Schau zu stellen scheinen; Kleinkriminalität durch Drogenhandel und Hehlerei, die sich vor den Augen aller vollzieht; unzivilisiertes Verhalten im Alltag; punktuelle Spannungen,

---

16 Die Bezeichnung »petits blancs«, die genauso wie der Begriff »poujadistisch« als objektive Begrifflichkeit zu verstehen ist, sollte keinesfalls als Ausdruck der Geringschätzung all jener mißverstanden werden, die unter diesem Begriff subsumiert sind. Derartige Reaktionen sind vielmehr ein Ausdruck der Verzweiflung angesichts einer Situation, die sie nicht gewollt haben und für die sie nicht einmal die Hauptverantwortung tragen. Außerdem ist Klassenhaß kein Phänomen, das ausschließlich arme Bevölkerungsschichten befällt. Im 19. Jahrhundert hegte etwa die konformistische Bourgeoisie einen wahren Klassenhaß gegen die »neuen Barbaren«, wie sie die Proletarier der frühen Industrialisierung bezeichnete.

Unruhen und Konflikte mit den »Ordnungskräften«
und so fort. Soziale und bürgerliche Unsicherheit fallen hier zusammen und verstärken sich wechselseitig.
Wenn man jedoch – ausgehend von diesen Sachverhalten, die gar nicht beschönigt werden sollen – das Vorstadtproblem dämonisiert und vor allem auch die dort
lebende Jugendlichen stigmatisiert, wie es gegenwärtig geschieht, dann werden die sozialen Konfliktlagen
einfach verschoben. Dies könnte durchaus zu einem
festen Bestandteil der Unsicherheitsproblematik werden. Wenn Politik, Medien und ein Großteil der öffentlichen Meinung die Situation in den Vorstädten
als Kristallisationspunkt der Unsicherheitsproblematik inszenieren, wird im Grunde der Topos der *gefährlichen Klassen* aufs neue heraufbeschworen, das
heißt, man projiziert alles, was eine Gesellschaft an
Bedrohungen in sich birgt, auf spezifische Gruppen
an deren Rand. Im 19. Jahrhundert hatte das Industrieproletariat diese Rolle gespielt: Die Arbeiterklassen waren gleichbedeutend mit gefährlichen Klassen.
Selbst wenn die Proletarier zumeist einer Arbeit nachgingen, hatten sie zur damaligen Zeit keine festen Beschäftigungsverhältnisse. Sie importierten eine ihrem
Ursprung nach ländliche Kultur an den Rand der Industriestädte, wo sie ihrem eigentlichen Kontext völlig entfremdet war und von den Städtern als Unkultur
betrachtet wurde. Was Arbeit und Wohnumfeld anbelangt, lebten sie in ständiger Prekarität. Unter solchen
Bedingungen ließen sich in der Tat nur schwer stabile
Familienbindungen aufbauen und gesittete Umgangsformen begründen. Diese Proletarier lagerten, wie es
bei Auguste Comte heißt, »inmitten der Gesellschaft,

ohne in ihr zu leben«.[17] Ließe sich dasselbe nicht auch von den heutigen Bevölkerungsgruppen in den Vorstädten sagen oder zumindest von dem Bild, das von ihnen gezeichnet wird? Sie leben nicht »in der Gesellschaft«, das heißt, sie sind nicht integriert. Und wie die Proletarier früherer Zeiten haben sie gute Gründe, die sie daran hindern, weil sie oftmals einer fremden Kultur angehören, bei der Suche nach Arbeit[18] oder

---

17 Auguste Comte, Système de politique positive, Ausgabe von 1929, Paris, S. 411. Zuvor hatten die Landstreicher, an denen sich das Gefühl der Unsicherheit in den vorindustriellen Gesellschaften kristallisierte, die Funktion der »gefährlichen Klasse« erfüllt. Auch dies ist ein Beispiel für die Art der Beziehung, die eine Gesellschaft mit ihren Randbereichen unterhält und die so etwas wie einen charakteristischen anthropologischen Zug darstellen könnte: Der Feind im Innern lauert an der Peripherie des Gesellschaftskörpers, in jenen gesellschaftlichen Gruppen, die fremd wirken, weil sie oft aus anderen Ländern stammen, die dominante Kultur nicht zu teilen scheinen und an den alltäglichen gesellschaftlichen Tauschbeziehungen nicht teilhaben.

18 Die Diskriminierung bei der Arbeitsplatzsuche aus Gründen der Hautfarbe oder eines fremdartig klingenden Namens ist eine gängige Praxis, die nicht nur moralisch zu verurteilen ist, sondern auch den Prinzipien des herrschenden Liberalismus widerspricht. Einerseits verurteilt die liberale Ideologie alles, was sich einem freien Arbeitsmarkt widersetzt. Das betrifft vor allem die arbeitsrechtlichen Bestimmungen, die als Hindernis auf dem Weg zur Öffnung des Arbeitsmarktes betrachtet werden. Gleichzeitig begünstigt sie jedoch eine protektionistische Einwanderungspolitik und toleriert diskriminierende Praktiken gegenüber Stellenbewerbern, die

einer vernünftigen Wohnung benachteiligt und tagtäglich mit der Feindseligkeit eines Teils der Bevölkerung und der Ordnungskräfte konfrontiert sind.

Das Tragische daran ist, daß sich moralische Verurteilungen stets zumindest teilweise an den Fakten erhärten lassen: In einem solchen Umfeld leben in der Tat keine Heiligen, und die soziale, aber auch die bürgerliche Unsicherheit ist in den Vorstädten tatsächlich höher als anderswo. Trotzdem ist eine solche gedankliche Verkürzung schon verwunderlich. Einige zehntausend Jugendliche, oft eher desorientiert als wirklich kriminell, zum eigentlichen Kern der sozialen Frage – zu der die Unsicherheitsproblematik geworden ist – zu stilisieren, die die Republik in ihren Grundfesten bedrohe, ist eine schon ungewöhnliche Verdichtung dieser viel globaleren Problematik. Aber natürlich haben solche Strategien gewisse Vorzüge. Zum Beispiel muß man sich nicht mit allen Faktoren auseinandersetzen, die für das Gefühl der Unsicherheit ursächlich verantwortlich und zumindest in demselben Maße auf soziale Unsicherheit wie auf Kriminalität zurückzuführen sind. Außerdem läßt sich ein ganzes Arsenal an Mitteln auffahren, die sich vielleicht nicht immer als effizient erweisen, dafür aber wenigstens problemlos verfügbar

---

bei gleicher Qualifikation aufgrund ihres »exotischen« Profils abgelehnt werden. Hierin zeigt sich nachdrücklich ein Widerspruch des gegenwärtigen Liberalismus: Einerseits will er um jeden Preis die Freizügigkeit des Warenverkehrs durchsetzen, andererseits stören ihn die politischen und gesellschaftlichen Barrieren nicht weiter, die einen freien Personenverkehr behindern.

und einsatzfähig sind: Repression der Kriminalität, Bestrafung der Schuldigen, eine Politik der »null Toleranz« – auch wenn dazu die Zahl der Richter und der Polizisten erhöht werden muß – sind sicher grob vereinfachende Kurz-Schlüsse angesichts der Komplexität aller Probleme, die die Unsicherheit aufwirft. Diese Strategien, vor allem wenn sie gut inszeniert und entschlossen verfolgt werden, zeigen jedoch, daß man nicht tatenlos zusieht (sondern hart durchgreift), ohne daß man sich den weitaus heikleren Fragen wie etwa der Arbeitslosigkeit, der sozialen Ungleichheit oder dem Rassismus stellen müßte, aus denen sich das Gefühl der Unsicherheit eben auch speist.[19] Dies mag sich

---

19 Die Analogie mit der Landstreicherpolitik in den vorindustriellen Gesellschaften ist auch hier wieder erhellend. Seit dem ausgehenden Mittelalter haben das französische Königtum und ganz allgemein alle westeuropäischen Mächte die Repression von Landstreicherei und Bettelei zum Kernstück ihrer Sozialpolitik gemacht und dabei keine Mittel gescheut. Aber selbst wenn mehrere hunderttausend Landstreicher verbannt, an den Pranger gestellt, eingesperrt, zu Galeerenstrafen verurteilt oder gehängt wurden, ist die Effizienz dieser Maßnahmen zweifelhaft. Immer wieder kommt man zu dem Schluß, daß sie gescheitert sind, und immer wieder werden sie neu aufgelegt. Sicherlich hat die Grausamkeit dieser Maßnahmen auch zahlreiche mittellose Personen davon abgeschreckt, sich auf so gefährliche Wege zu begeben (»Strafe ist die beste Vorbeugung«). Bis zum Ende des Ancien régime wurde für dieses Problem jedoch keine Lösung gefunden, weil die Landstreicherei und die Bettelei arbeitsfähiger Individuen eine Folge der Massenarmut und eines durch die Zünfte versperr-

politisch kurzfristig als fruchtbar erweisen. Man darf allerdings daran zweifeln, ob es sich um eine hinreichende Antwort auf die Frage handelt: »Was bedeutet Sicherheit?«

Selbst wenn man einmal von der Problematik der *banlieues* und der Kriminalität absieht, entwickelt sich der Sozialstaat zunehmend zu einem *Sicherheitsstaat*, der für eine Rückkehr zu Recht und Ordnung eintritt und diese auch in die Wege leitet, ganz so, als mobilisiere die Staatsmacht ihre Kräfte hauptsächlich zur Ausübung ihrer Autorität. Die Frage der bürgerlichen Unsicherheit wirft zweifellos wichtige Probleme auf, und der Staat hat die Pflicht, sich ihnen zu stellen.[20] Doch hat man fast den Eindruck, als stehe und falle die gesamte Glaubwürdigkeit des Staates mit der Frage,

---

    ten Arbeitsmarktes waren. Als Antwort zur Lösung der Landstreicherei plädierte der Liberalismus für die Öffnung des Arbeitsmarktes (vgl. das sogenannte Loi le Chapelier, mit dem 1791 die Korporationen aufgelöst wurden). Dazu bedurfte es jedoch einer Revolution, die im übrigen ebenfalls problematische Folgen im Bereich der Sicherheit zeitigte: Ohne sie wäre die Bildung des Proletariats, das selbst wiederum zu einer »gefährlichen Klasse« werden sollte, nicht möglich gewesen.

20  Vgl. hierzu etwa Hugues Lagrange, Demandes de sécurité. France, Europe, États-Unis, Paris 2003, sowie Didier Peyrat, Éloge de la sécurité, Paris 2003. Der Kampf gegen die Unsicherheit ist um so legitimer, als vor allem die Bewohner von Vierteln damit konfrontiert sind, die auch in sozialer Unsicherheit leben. Insofern gilt der Zusammenhang zwischen bürgerlicher und sozialer Unsicherheit auch für die Opfer krimineller Handlungen.

ob er bei seinem Kampf erfolgreich ist oder nicht. Ein solches Vorgehen läßt sich jedoch unmöglich auf alle Unsicherheitsfaktoren ausdehnen. Dazu müßte man der Individualisierungsdynamik entgegenwirken, die die gesamte Gesellschaft tief durchdringt, und Maßnahmen gegen das freie Spiel der Konkurrenz und der Kompetitivität treffen, das – wie gleichzeitig verkündet wird – in den Unternehmen und auf dem Markt gelten soll. Wenn ein Staat sich ausschließlich Sicherheitsbelangen widmet, verschärft er dadurch zwangsläufig den Zielkonflikt zwischen einer unerbittlichen Ausübung staatlicher Autorität, die den Polizeistaat wiederbelebt, um die bürgerliche Sicherheit zu garantieren, und einer laxen Haltung gegenüber den Folgeerscheinungen eines Wirtschaftsliberalismus, der die soziale Unsicherheit schürt. Ein solcher Weg wäre nur dann gangbar, wenn die bürgerliche und die soziale Sicherheit zwei getrennte Sphären darstellen würden, was selbstverständlich nicht der Fall ist.

# Eine neue Risikoproblematik

Seit den achtziger Jahren scheinen wir uns in einer neuen Unsicherheitsproblematik einzurichten, die sich vor allem durch ihre außergewöhnliche Komplexität auszeichnet und aus dem Zusammenspiel von zwei Wandlungsprozessen resultiert.

Zum einen wird es immer schwieriger, sich gegen die – wie man wohl sagen könnte – »klassischen« gesellschaftlichen Hauptrisiken (Unfall, Krankheit, Arbeitslosigkeit, Arbeitsunfähigkeit aufgrund von Alter oder Behinderung) zu schützen, von denen man glaubte, man habe sie alles in allem im Griff. Folgt man der Richtung dieser ersten Analyse, wie wir es gerade getan haben, so stellt man fest, daß die Sozialversicherungssysteme, die sich in der Erwerbsarbeitsgesellschaft auf der Basis stabiler Beschäftigungsverhältnisse entwickelt hatten, unter Druck geraten sind und zunehmend brüchig werden. Der national-soziale Staat wird immer schwächer, wodurch manche Individuen und gesellschaftliche Gruppierungen, die die sozioökonomischen Veränderungen seit Mitte der siebziger Jahre machtlos über sich ergehen lassen mußten, zunehmend verwundbar werden. Daraus resultiert wiederum eine wachsende Zukunftsunsicherheit und Orientierungslosigkeit, aus der sich auch die bürgerliche Unsicherheit speist, vor allem in Gebieten wie den Vorstädten, wo die Hauptfaktoren sozialer Entkopplungsprozesse in konzentrierter Form auftreten.

# Risiken, Gefahren, Schädigungen

Doch zu einem Zeitpunkt, da die klassischen Sicherungssysteme in ihrer Wirkung geschwächt sind, entsteht eine *neue Generation von Risiken* oder zumindest von Bedrohungen, die als solche empfunden werden: industrielle, technologische, gesundheitliche, natürliche und umweltpolitische Risiken. Dabei handelt es sich um eine Risikoproblematik, die keinen direkten Zusammenhang mit der ersten aufzuweisen scheint. Sie ist im wesentlichen entstanden, weil sich die unkontrollierten Folgen der Entwicklung von Wissenschaft und Technik gegen Natur und Umwelt richteten, die sie doch eigentlich dem Menschen nutzbar machen wollten. Die Zunahme von Risikolagen ist offensichtlich eng an das Entstehen der Moderne gekoppelt. Ulrich Becks »Risikogesellschaft« bezeichnet denn auch das wesentliche Merkmal der modernen Gesellschaft: Die Zukunft der Zivilisation ist nicht länger von sozialem Fortschritt, sondern von einem allgemeinen Prinzip der Ungewißheit geprägt. Damit wird die Unsicherheit zum unüberwindbaren Fluchtpunkt der Lebensbedingungen des modernen Menschen. Die Welt ist nichts weiter als ein riesiges Risikofeld, »die Erde [ist] zu einem Schleudersitz geworden«.[1]

Wer heute über die Unsicherheitsproblematik nachdenkt, muß auch diesem Parameter Rechnung tragen. Wenn Sicherheit bedeutet, die wesentlichen

---

1 Ulrich Beck, Risikogesellschaft. Auf dem Weg in eine andere Moderne, Frankfurt am Main 1986, S. 50.

Lebensrisiken zu meistern, scheint sie gegenwärtig in zweifacher Hinsicht in Bedrängnis zu geraten: weil die »klassischen« Sicherungssysteme geschwächt sind, aber auch, weil ein verbreitetes Gefühl der Ohnmacht angesichts neuer Bedrohungen entsteht, die ganz offensichtlich Teil des Entwicklungsprozesses der Moderne sind. Man könnte die Hypothese formulieren, daß sich die gegenwärtige *Sicherheitsfrustration* aus diesen beiden Quellen speist. Daher sollte sowohl ihr Zusammenhang unterstrichen als auch die daraus resultierende begriffliche Vermischung aufgezeigt werden. Die inflationär um sich greifende Risikosensibilität macht aus dem Bedürfnis nach Sicherheit eine endlose Suche, die stets in eine Enttäuschung mündet.

Bei allem, was heute unter dem Risikobegriff subsumiert wird, sollte man jedoch jene Unwägbarkeiten des Lebens, die vergesellschaftet werden können und damit beherrschbar sind, von Bedrohungen unterscheiden, die, ohne daß man sich gegen sie schützen könnte, als solche anzuerkennen und mithin als Grenzlinie zu akzeptieren sind. Auch wenn diese Grenzlinie vielleicht provisorisch sein mag, ist sie von dem Schutzprogramm, das eine Gesellschaft übernehmen muß, gegenwärtig nicht zu überschreiten.

Die Behauptung, wir lebten in einer »Risikogesellschaft«, beruht in der Tat auf einer fragwürdigen begrifflichen Extrapolation. Im eigentlichen Wortsinn ist ein Risiko ein vorhersehbares Ereignis, das sich auf seine Wahrscheinlichkeit und die voraussichtliche Schadenshöhe hin berechnen läßt. Insofern ist Entschädigung möglich, weil das Risiko vergemeinschaftet werden kann.[2] Die Versicherung war das große Prinzip, mit dem sich Risiken technisch meistern ließen, weil die Folgen unter einer Gruppe von Individuen verteilt wurden, die sich angesichts verschiedener vorhersehbarer Bedrohungen zueinander solidarisch verhielten. Die allgemeine Pflichtversicherung (die eine staatliche Garantie voraussetzt) war der Königsweg, der zur Bildung der »Vorsorgegesellschaft« führte: einer Gesellschaft, in der alle Individuen aufgrund ihrer Zugehörigkeit zu Gruppen, deren Mitglieder Beiträge entrichten und so die Risikokosten teilen, Versicherungsleistungen genießen (und damit abgesichert sind). Es ist ein solidarisches oder auf Gegenseitigkeit beruhendes Modell, das die Grundlage für den Schutz gegen soziale Risiken darstellt.

In einer »Risikogesellschaft« ist ein vergleichbarer Schutz nicht möglich. Diese neuen Risiken lassen sich zumeist nicht vorhersehen oder nach einer Wahrscheinlichkeitslogik berechnen. Außerdem haben sie unumkehrbare Folgen, die sich ebenfalls nur schwer abschätzen lassen. Eine Katastrophe wie die von Tschernobyl oder der »Rinderwahnsinn« lassen sich nicht vergemeinschaften. Sie sind im Rahmen von Versicherungssystemen nicht beherrschbar. Insofern handelt es sich nicht eigentlich um Risiken, sondern vielmehr um verhängnisvolle Eventualitäten, Bedrohungen oder Gefahren, die eintreten können, ohne daß wir über geeignete Technologien verfügten, um sie in den Griff zu bekommen, oder hinreichende Kennt-

---

2 Vgl. Patrick Péretti-Watel, La Société du risque, Paris 2001.

nisse besäßen, um ihnen vorzubeugen. Aufgrund der Unvorhersehbarkeit der meisten dieser »neuen Risiken«, ihrer Tragweite und der Unumkehrbarkeit ihrer Konsequenzen besteht die beste Vorbeugung darin, vom Schlimmsten auszugehen und trotz einer äußerst geringen Wahrscheinlichkeit Vorkehrungen zu treffen, damit es eben nicht eintritt. Das geschieht beispielsweise, wenn – ungeachtet aller wirtschaftlichen und sozialen Konsequenzen, die zu dem tatsächlichen Risiko in keinerlei Verhältnis stehen – eine Viehherde vernichtet werden muß, weil sich nicht mit Sicherheit sagen läßt, ob sie von einer Krankheit befallen ist oder nicht. Man könnte endlos darüber debattieren: Um ein Ereignis zu verhindern, das möglicherweise eintreten könnte, jedoch so unwahrscheinlich ist, daß es sich nicht einmal berechnen läßt, nimmt man ausgesprochen reale Schädigungen in Kauf.[3]

Der gegenwärtig inflationär gebrauchte Risikobegriff verwischt also die Unterscheidung zwischen *Risiko* und *Gefahr*. Wenn man mit Anthony Giddens von einer »Risikokultur«[4] spricht, so besagt dies, daß wir immer anfälliger für die Bedrohungen der modernen Welt geworden sind, die vom Menschen selbst produ-

---

3 Das Vorsorgeprinzip denkt diese Logik nur konsequent zu Ende. Paradoxerweise ist die Ungewißheit für eine Entscheidung ausschlaggebend: Heute werden Entscheidungen auf der Grundlage eines möglichen Risikos getroffen, das im Augenblick der Entscheidung nicht gegeben ist, sich jedoch in der Zukunft als real erweisen könnte.

4 Vgl. Anthony Giddens, Konsequenzen der Moderne, Frankfurt am Main 2004.

ziert werden, weil er die Kontrolle über die Nutzung von Wissenschaft und Technik verloren hat und die Wirtschaftsentwicklung in einer Art und Weise instrumentalisiert, daß die gesamte Welt zur Ware wird. Dennoch: Keine Gesellschaft kann für sich in Anspruch nehmen, alle Gefahren, die die Zukunft zwangsläufig mit sich bringt, auszumerzen. Es ist vielmehr festzustellen, daß der Zeiger der Risikosensibilität an anderer Stelle ausschlägt und neue Gefahren zutage treten läßt, wenn die wichtigsten Risiken gebändigt zu sein scheinen. Heute jedoch schlägt der Zeiger so stark aus, daß ein völlig unrealistisches Sicherheitsbedürfnis entsteht. Die »Risikokultur« *produziert Gefahren*. Ein etwas triviales Beispiel: Lange Zeit waren Hungersnöte für die Menschheit das einzige Ernährungsrisiko und sind es noch heute in vielen Regionen. In den reichen Ländern ist demgegenüber das Essen selbst zu einer Gefahr geworden: Sieht man einmal vom BSE-Erreger ab, so wird die Liste krebserregender Produkte Monat für Monat immer länger. Wollte man das Ernährungsrisiko auf Null reduzieren, müßte man die Nahrungsaufnahme einstellen (»Vorsorgeprinzip«). Da dies völlig undenkbar ist, bleiben nur Mißtrauen und Angst: Die Unsicherheit liegt auch auf dem Teller.

Um heute die Frage nach den Sicherungssystemen neu zu stellen, muß man zuallererst Abstand von diesem inflationären Gebrauch des Risikobegriffs nehmen, da er lediglich zu einem überzogenen Sicherheitsbedürfnis führt und im Grunde die Möglichkeit verhindert, sich zu schützen. Daher sei daran erinnert, daß kein Schutzprogramm ernsthaft das Ziel verfolgen könnte, die Zukunft in einer Art und Weise abzusi-

chern, daß sie keinerlei Ungewißheiten und Gefährdungen mehr bereithalten würde. Die »Risikokultur«
extrapoliert den Begriff des Risikos, macht ihn aber
auch bedeutungs- und damit nutzlos. Wenn man in
sinnvoller Form über das Risiko nachdenken möchte, geschieht dies nicht, indem man die Zukunft mit
Ungewißheit und Angst auflädt. Man sollte vielmehr
versuchen, über das Risiko *die Ungewißheit zu reduzieren*, um die Zukunft zu meistern und geeignete Mittel zu entwickeln, sie sicherer zu gestalten. Auf diese
Weise war es in der Vergangenheit gelungen, die klassischen sozialen Risiken gemeinschaftlich in den Griff
zu bekommen. Was nun aber die »neuen Risiken« betrifft, die seitdem entstanden sind, so muß man sich
gleichermaßen fragen, ob ihre weite Verbreitung nicht
auch eine soziale und politische Dimension enthält,
obwohl sie zumeist als Zeichen eines unvermeidlichen
Schicksals dargestellt werden, als ein »grundlegender
Aspekt der Moderne in einer Individualgesellschaft«,
wie es bei Anthony Giddens heißt.[5] Handelt es sich
also um einen festen Bestandteil einer Gesellschaft von
Individuen oder um eine Konsequenz aus wirtschaftlichen und politischen Entscheidungen, für die die
Verantwortlichkeiten benannt werden müssen? Viele
dieser »Risiken« (Umweltverschmutzung, Treibhaus-
effekt und so fort) sind nämlich gewissermaßen ein
Bumerangeffekt eines zügellosen Produktivismus und
einer ungebremsten Ausbeutung der Ressourcen des
Planeten, der sich auf das natürliche Gleichgewicht

---

5 Anthony Giddens, Modernity and Self-Identity, Stanford
1991, S. 224.

niederschlägt. Außerdem ist die Behauptung Ulrich Becks unzutreffend, diese »Risiken« verliefen nunmehr quer zu den Klassenschranken und seien gewissermaßen demokratisch verteilt. Jene Industriezweige etwa, die die Umwelt besonders belasten, haben sich bevorzugt in den Entwicklungsländern niedergelassen und treffen damit Bevölkerungen, denen es an den notwendigen Mitteln fehlt, um hygienische Bedingungen und Sicherheit zu garantieren, Schadensvorbeugung und -nachsorge zu leisten. Es herrscht ein schreiendes Unrecht bei der Verteilung dieser »Risiken«, vor allem wenn man das Problem im Weltmaßstab betrachtet, was notwendig ist angesichts des Verhältnisses zwischen der Verteilung derartiger Belastungen und der Art und Weise, wie die Globalisierung vorangetrieben wird.

Man sollte hier nicht von Risiken sprechen, ja nicht einmal von »neuen« Risiken, sondern von *Schädigungen* oder *Belastungen*. Das bedeutet nicht, daß man sie nicht in den Griff bekommen könnte, sondern daß sich die dazu erforderlichen Vorkehrungen von den Maßnahmen unterscheiden, die zur Beherrschung der klassischen sozialen Risiken bevorzugt genutzt wurden. Wenn sich ein Industriebetrieb mit besonders umweltschädlichen Produktionsmethoden in einer benachteiligten Region der Dritten Welt niederläßt, um dort die billigen Arbeitskräfte auszunutzen, kann natürlich die geeignete Antwort nicht darin bestehen, die »Risiken zu vergemeinschaften« und die einheimischen Bevölkerungen dazu zu zwingen, sich gegen diese Schädigungen zu versichern. Vielmehr sollten diese neuen weltweiten Ausbeutungsformen untersagt, zumindest jedoch den multinationalen Konzernen, die davon profitieren, strenge Auflagen erteilt werden, die mit einer nachhaltigen Entwicklung kompatibel sind. Das bedeutet, daß transnationale politische Instanzen eingerichtet werden müßten, die genug Macht besitzen, um einem ungebremsten Profitdenken Grenzen zu setzen und einen globalisierten Markt zu bändigen.

## Privatisierung oder Kollektivierung der Risiken

Derzeit existieren derartige Instanzen bestenfalls in Ansätzen, so daß wir solchen Schädigungen zumeist schutzlos ausgeliefert sind. Zumindest kann man aber verlangen, daß durch diese quasimetaphysische Risikoüberhöhung nicht der Blick auf die Eigentümlichkeit der Probleme, mit denen wir heute konfrontiert sind, und auf die Suche nach den Verantwortlichen für diese immer wieder als unausweichlich präsentierten Schädigungen verstellt werden möge. Eine verallgemeinerte und undifferenzierte Risikoideologie (»Risikogesellschaft«, »Risikokultur« und so weiter) muß heute als bevorzugter theoretischer Bezugsrahmen herhalten, um die Unzulänglichkeit, ja Obsoleszenz der klassischen Sicherungsstrukturen und die Unfähigkeit des Staates zu kritisieren, mit der neuen Wirtschaftssituation zurechtzukommen. Wer so argumentiert, muß im Ausbau privater Versicherungssysteme zwangsläufig die einzig realistische Alternative sehen. So erklärt sich auch, warum manche Befürworter eines Versicherungssystems, die der neoliberalen Bewegung zuzuordnen sind, Analysen wie die Ulrich Becks oder Anthony Giddens' begeistert aufgenommen haben und darin sogar noch weitergegangen sind. François Ewald und Denis Kessler stellen erstaunlicherweise die Situation auf den Kopf, wenn sie das Risiko zum »Maß aller Dinge« und zum Prinzip erklären, »durch das der Wert jedes einzelnen« anerkannt werde. Sie verleihen ihm damit eine nachgerade anthropologische Dimension, ganz als sei das Risiko, das doch die Wahrscheinlichkeit eines dem Menschen äußeren Ereignisses bezeichnet, Teil des Individuums selbst.[6] Der französische Arbeitgeberpräsident Ernest-Antoine Seillières treibt diese Naturalisierung des Risikos in fast schon karikaturistischer Art und Weise auf die Spitze, wenn er die Menschheit in »risikobereite« und »risikoscheue« Menschen unterteilt.[7] Tatsächlich geht der nachdrückliche Verweis auf die Zunahme der Risiken Hand in Hand mit einer Überhöhung des aus seinen kollektiven Fesseln befreiten oder – wie es bei Giddens heißt – »entbetteten« *(disembedded)* Individuums. Von diesem Standpunkt aus ist das Individuum ein Risikoträger, der ganz auf sich allein gestellt die ihn umgebenden Klippen umschiffen muß und selbst für sein Risikomanagement verantwortlich ist. In einer solchen Konfiguration ist für den Sozialstaat und die gesetzlich garantierte Pflichtversicherung natürlich kein Platz. Es besteht ein enger Zusammenhang zwischen der Risikoexplosion, der Hyperindi-

---

6 François Ewald/Denis Kessler, *Les noces du risque et de la politique*, in: Le Débat, Nr. 109, März–April 2000.

7 Interview, in: Risques, Nr. 43, September 2000.

vidualisierung im Alltagsleben und der Privatisierung der Versicherungsleistungen. Wenn die Risiken sich ins Unendliche vermehren und die Menschen dieser Entwicklung allein gegenüberstehen, dann muß das private, privatisierte Individuum, wenn es dazu in der Lage ist, *sich selbst versichern*. Dann ist jedoch die Risikobeherrschung kein kollektives Unterfangen mehr, sondern eine individuelle Strategie, während die Zukunft privater Versicherungen aufgrund der Zunahme der Risiken gesichert ist. Deren Vermehrung eröffnet den Versicherungsanstalten einen nahezu grenzenlosen Markt.

Die zweite Möglichkeit, sich dieser Situation zu stellen, besteht darin, die soziale Dimension der neuen Unsicherheitsfaktoren aufzudecken und der Frage nachzugehen, wie sie sich vergemeinschaften lassen. Allerdings sollte man nicht verkennen, welch immense Schwierigkeiten heute mit dieser Aufgabe verbunden sind. Das gilt ganz offensichtlich für das, was ich hier lieber als noch nicht dagewesene Schädigungen durch die zur Zeit herrschende Art der Wirtschafts- und Gesellschaftsentwicklung bezeichnen möchte, anstatt von Risiken im eigentlichen Sinne zu sprechen. Obwohl das Bewußtsein für die Schattenseiten einer ungesteuerten Globalisierung wächst (siehe etwa die verschiedenen Strömungen all jener, die für eine »andere Globalisierung« eintreten), wurden noch längst nicht die internationalen Gremien gefunden, die sich wesentlich vom IWF, der Weltbank oder der Welthandelsorganisation unterscheiden würden. Solche neuartigen Instanzen müßten eine Ordnungspolitik der internationalen Wirtschaftsbeziehungen in die Wege leiten, die weltweit noch durchzusetzenden ökologischen und sozialen Ansprüchen genügt.[8] Diese Probleme sind derart komplex, daß es vermessen wäre, sie hier behandeln zu wollen, selbst wenn sie Teil einer erneuerten Sicherheitsproblematik sind, die heute dringend anzugehen wäre. Aber auch die klassischen sozialen Risiken, die im Rahmen der Erwerbsarbeitsgesellschaft durch gemeinschaftliche Sicherungssysteme aufgefangen werden konnten, sind in ihren Grundfesten erschüttert. Dabei scheint es sich jedoch um eine größtenteils unumkehrbare Entwicklung zu handeln. Sie läßt sich nicht einfach rückgängig machen, indem man die vorherigen kollektiven Regelungen wiederherstellt, da diese doch den ihrerseits kollektiven Formen der industriekapitalistischen Produktion und ihrer nationalstaatlichen Organisation entsprachen. Auch das ist ein Aspekt des aktuellen Wandels des Kapitalismus, der mit der Globalisierung der Handelsbeziehungen und einer verschärften Konkurrenz einhergeht, die zu einer derartigen Entkollektivierung und einer allgemeinen Flexibilisierung der Arbeitskraft, aber eben auch weiter Teile des sozialen Lebens zwingt. Man sollte diese Wandlungsprozesse nicht einfach unterschätzen und sich vielmehr die – zugegeben schwierige – Frage stellen, welche Sicherungsleistungen mit den gegenwärtig zu beobachtenden

---

8 Unter den großen internationalen Organisationen setzt sich sicherlich die Internationale Arbeitsorganisation (IAO) am stärksten in diesem Sinne ein. Leider ist ihre Interventionsmacht beispielsweise nicht mit dem Einfluß des IWF vergleichbar.

Umwälzungen der Produktivkräfte und der Produktionsweisen kompatibel wären.

Aus einem weiteren zentralen Grund wäre es verfehlt, die gegenwärtige Krise der Sozialversicherungssysteme für eine zufällige und vorübergehende Peripetie zu halten. Der Aufbau dieser Systeme hat nämlich auch zu einer grundlegenden und ebenfalls unwiderruflichen Transformation des Status des Individuums geführt. Laut Marcel Gauchet und anderen besteht das Paradox darin, daß der wachsende Einfluß des Sozialstaates als ein *mächtiger Individualisierungsfaktor* gewirkt hat, indem er dem Individuum beträchtliche kollektive Sicherungsleistungen zur Verfügung stellte. Die »Hilfsgarantie«[9] des Staates löst das Individuum aus seiner Abhängigkeit von all jenen vermittelnden Gemeinschaften, die ihm – wie ich es nenne – familiäre und nachbarschaftliche Netzwerke boten. Zumindest tendenziell »befreit« sich das Individuum damit von ihnen, während der Staat zu seiner zentralen Anlaufstelle wird, das heißt zu seinem Hauptlieferanten von Sicherungsleistungen. Wenn diese Sozialversicherungssysteme Risse bekommen, wird der einzelne einerseits verwundbar, stellt aber andererseits hohe Ansprüche, da er ein gewisses Sicherheitsniveau gewohnt

---

9 Marcel Gauchet, *La société d'insécurité*, in: Jacques Donzelot (Hg.), Face à l'exclusion: le modèle français, Paris 1991. Schon Durkheim, dem man zu Unrecht vorhält, das Individuum unter kollektiven Zwängen erstickt zu haben, hatte erkannt: »In Wahrheit hat der Staat das Individuum befreit [...]. Individualismus und Etatismus gingen Hand in Hand«, in: Revue philosophique, Nr. 48, 1899.

war und ihn die Angst quält, Abstriche machen zu müssen. Es ist nicht übertrieben zu behaupten, daß das Sicherheitsbedürfnis zur gesellschaftlichen »Natur« des modernen Menschen gehört, ganz so als sei die Sicherheit zu einer zweiten Natur, ja zum natürlichen Zustand des Gesellschaftsmenschen geworden. Das ist das genaue Gegenteil jener Position, für die Hobbes zu Anfang der Moderne stand. Diese Umkehrung ist jedoch erst möglich geworden, weil staatliche Sicherungssysteme sich nach und nach durchgesetzt haben und schließlich vom Individuum völlig verinnerlicht wurden, kurzum: weil der Staat in Gestalt eines national-sozialen Staates alles in allem seine Mission erfüllt hat. Es ist heute völlig natürlich, abgesichert zu sein. Das bedeutet aber auch, daß es völlig natürlich ist, vom Staat Schutzleistungen einzufordern. Und genau in diesem Moment werden die Sozialversicherungssysteme – wie es scheint – unwiderruflich geschwächt.

Daher wäre es zweifellos naiv, den früheren Status quo der Sozialversicherungssysteme aufrechterhalten oder wiederherstellen zu wollen. So lautet auch der Vorwurf, den die Modernisten den »Nostalgikern der Vergangenheit« guten Gewissens immer wieder machen. Es wäre jedoch genauso naiv zu behaupten, die Abschaffung dieser Sozialleistungen würde das Individuum, das angeblich nur auf die Gelegenheit warte, um endlich all seine Möglichkeiten auszuspielen, »befreien«. Das ist die Naivität der herrschenden neoliberalen Ideologie. Sie übersieht nämlich den ganz wesentlichen Umstand, daß das moderne Individuum durch die staatlichen Regulierungen nachhaltig geprägt wurde. Es hat für sich allein nur Bestand, weil es gewissermaßen am Tropf der kollektiven und sozial-staatlich organisierten Sicherungssysteme hängt und völlig von ihnen durchdrungen ist. Wenn man nicht gerade eine Rückkehr zum Naturzustand, also zu einem Zustand absoluter Unsicherheit anstrebt, kann die Infragestellung der Sozialversicherungssysteme nicht zu ihrer Abschaffung führen. Es sollte vielmehr darum gehen, wie sie sich in der gegenwärtigen Situation neu ausrichten lassen.

# Wie läßt sich die soziale Unsicherheit bekämpfen?

Wie könnte eine solche Neuausrichtung aussehen? Wie lassen sich die Sozialversicherungssysteme so umgestalten, daß sie für Stabilität und Sicherheit in einer Welt sorgen, die neuerlich einer ungewissen Zukunft entgegengeht? Das ist sicherlich die große Herausforderung, der wir uns heute zu stellen haben, und es ist fraglich, ob es überhaupt eine Lösung dafür gibt. Wir haben hier nicht den Anspruch, detaillierte Antworten auf diese Fragen vorzulegen, die eher zu einer Suche nach neuen Formeln anregen werden, als in Gewißheiten zu münden. Gleichwohl läßt sich die Problemlage genauer umreißen, indem man sich auf die beiden hier analysierten Kernbereiche konzentriert, also die eigentlichen sozialen Sicherungsleistungen sowie die Sicherung von Beschäftigungsverhältnissen und Berufswegen.[1]

---

1 Es sei noch einmal daran erinnert, daß für eine vollständige Darstellung auch der öffentliche Dienst als wichtiger Bestandteil sozialen Eigentums mit einbezogen werden müßte. Das jüngste Beispiel des Zusammenbruchs in Argentinien veranschaulicht die Bedeutung dieser Thematik. Die soziale Unsicherheit, die das Land erfaßte, hat nicht nur mit der Entstehung von Massenarmut, einer Prekarisierung sozialer Lagen bis in die Mittelschichten

# Umgestaltung des
## Sozialversicherungssystems

Als erstes wäre also der Bereich der sozialen Sicherungsleistungen im engeren Sinne zu nennen, das
heißt das System der Sozialversicherungen (Kranken-,
Invaliden-, Arbeitsunfall-, Alters- und Arbeitslosen-
versicherung sowie Familiengelder und soziale Hilfsleistungen), die seit dem Ende der achtziger Jahre um
verschiedene gesellschaftliche Eingliederungsmaß-
nahmen ergänzt wurden und zu denen sich auch der
»Kampf gegen soziale Ausgrenzung« gesellte. Die
Veränderungen, die seit etwa zwanzig Jahren zu beobachten sind, entstanden nicht in Form eines brutalen
Umbruchs. Das System basiert immer noch weitgehend auf Versicherungsleistungen, die an die Erwerbstätigkeit gebunden sind und über Beitragszahlungen
aus Erwerbstätigkeit finanziert werden. Allerdings
sind zunehmend Schwierigkeiten und neue Probleme
aufgetaucht, die die Vorrangstellung derartiger Leistungen in Frage stellen.

An erster Stelle sind hier die finanziellen Engpässe

---

hinein oder einer drastischen Rückführung der Sozialllei-
stungen zu tun. Sie ist auch eine Folge des Zusammenbruchs des öffentlichen Dienstes in einem Land, das sich
einer vollständigen Privatisierung verschrieben hat. Es ist
hier nicht der Ort, diesen Punkt näher auszuführen. Die
Debatte über die Probleme, die sich aus der gegenwärtigen Infragestellung des öffentlichen Dienstes ergeben,
ist jedoch unmittelbar mit den folgenden Ausführungen
verbunden.

zu nennen. Massenarbeitslosigkeit und zunehmend unsichere Beschäftigungsverhältnisse einerseits, Rückgang der Erwerbsbevölkerung aus demographischen Gründen und eine längere Lebenserwartung andererseits bringen die Finanzierung des Systems in eine ernste Schieflage. Es besteht das Risiko – wie es Denis Olivennes formuliert –, daß bald eine Minderheit von Erwerbstätigen Beiträge zahlen muß, damit eine Mehrheit von Nichterwerbstätigen Anspruch auf Versicherungsleistungen genießt.[2] Über die finanzielle Argumentation hinaus betrifft die Debatte jedoch auch die Funktionsweise des Systems und seine Unfähigkeit, all jene mitzuerfassen, die aus der Welt der Erwerbsarbeit herausgefallen sind. Das klassische Sozialversicherungssystem vertieft paradoxerweise das Gefälle zwischen unterschiedlichen Bevölkerungsgruppen. Während manche weiterhin von umfangreichen Sozialleistungen profitieren können, die an keine weiteren Bedingungen als ihre Erwerbstätigkeit geknüpft sind, wächst das Heer all jener, die aus diesem Sozialversicherungssystem herausfallen oder dort gar nicht erst Platz gefunden haben. Mehr noch als an dem Finanzierungsproblem liegt es demnach an der Struktur dieser Sozialversicherungssysteme, die auf der Bildung homogener und stabiler Bevölkerungsgruppen beruhen und ihre Leistungen automatisch und anonym erbringen, wenn sie unfähig sind,

---

2 Vgl. Denis Olivennes, *La société de transfert*, in: Le Débat, Nr. 69, März–April 1992. Die Pflichtbeiträge auf Basis der Erwerbsarbeit machten 1997 80 % der Sozialversicherungsleistungen aus.

die vielfältigen Lebenssituationen und -profile von Individuen zu berücksichtigen, die auf solche Leistungen angewiesen sind.

In Anbetracht dessen wurde seit rund zwanzig Jahren ein *neuartiges System sozialer Sicherungsleistungen* für all jene entwickelt, die von dem klassischen Sozialversicherungssystem nicht mehr erfaßt werden. Es entstand ganz allmählich durch sukzessive Maßnahmen an den Systemgrenzen: Eine Reihe sozialer Mindeststandards wurden unter Finanzierungsvorbehalt verabschiedet, eine lokal ausgerichtete Eingliederungspolitik und Initiativen zur Stadtentwicklungspolitik konzipiert, Strukturen zur Beschäftigungsförderung eingerichtet, Hilfsleistungen für die Ärmsten und der »Kampf gegen die soziale Ausgrenzung« organisiert. Auch wenn diese Maßnahmen keinem durchdachten Gesamtplan folgen, scheinen sie dennoch ein neues System sozialer Absicherung zu bilden, das mit dem vorherrschenden sozialen Eigentum in Form von Sozialleistungen, die an keine anderen Bedingungen als die Erwerbsarbeit geknüpft sind, nicht mehr viel gemein hat. Bruno Palier faßt die beiden gegensätzlichen Organisationsformen folgendermaßen zusammen:

Allgemeine und gleiche Zugangsbestimmungen *versus* gezielte Leistung und positive Diskriminierung; uniforme Sozialleistungen *versus* Definition der Sozialleistungen je nach sozialer Bedürfnislage; getrennte Leistungsbereiche (Krankheit, Arbeitsunfall, Alter, Familie) *versus* bereichsübergreifende Behandlung aller sozialen Probleme einer Person; zentrale Verwaltung gesellschaftlicher Risiken und Probleme *versus* partnerschaftliches Miteinander aller betroffenen

Akteure (Staatsverwaltung, Politik, Verbände, Wirtschaft); behördliche Verwaltungsorganisation *versus* zielorientierte Verwaltungsorganisation; Zentralisierung und pyramidenförmig organisierte Verwaltung *versus* Dezentralisierung und Beteiligung der Gebietskörperschaften.[3]

Eine wichtige Konsequenz dieser Veränderungen ist, daß die Sozialversicherungssysteme an *Flexibilität* gewinnen. Diese neuen sozialen Hilfsleistungen zeichnen sich nämlich durch ihre größere *Vielfalt* aus, durch die sie sich besser an die jeweiligen Besonderheiten der betroffenen Bevölkerungsgruppen anpassen sollen, sowie durch ihre im Grunde *individualisierte* Umsetzung. Zwei Begriffe, die den klassischen Sozialversicherungssystemen bisher fremd waren, sind dabei von strategischer Bedeutung: *Vertrag* und *Projekt*. Der bereits im Jahre 1988 verabschiedete Revenu Minimum d'Insertion (RMI = Wiedereingliederungsgeld) ist ein gutes Beispiel für das Prinzip, das diesen neuen Sozialleistungen zugrunde liegt. Um sie zu erhalten, muß sich der Anspruchsberechtigte grundsätzlich durch einen »Wiedereingliederungsvertrag« zur Umsetzung eines konkreten Projekts verpflichten. Dessen inhaltliche Gestaltung hängt von der jeweiligen Situation des Leistungsempfängers und seinen spezifischen Schwierigkeiten ab. Auch der Ansatz der Quartierspolitik, der im Namen der gesellschaftlichen Integration seit Anfang der achtziger Jahre in benachteiligten Vierteln verfolgt wird und der heute in einer Stadtentwicklungspolitik *(politique de la ville)* gipfelt, beruht auf

---

3 Bruno Palier, Gouverner la Sécurité sociale, Paris 2002, S. 3.

lokal begrenzten Projekten, an denen die Bewohner und die verschiedenen Partner der Städtegemeinden beteiligt sind. Dieser Trend zur stärkeren Einbindung der Betroffenen inspiriert auch zunehmend die Politik zur Bekämpfung der Arbeitslosigkeit (vgl. etwa den Plan de l'Aide au Retour à l'Emploi oder PARE, der vor kurzem verabschiedet wurde und der die Arbeitslosen zu einer aktiven Beteiligung bei der Suche nach einem neuen Arbeitsplatz anhält beziehungsweise verpflichtet). Bei all diesen neuen Verfahren geht es darum, den passiven Konsum automatischer und an keine Bedingungen geknüpfter Sozialleistungen durch eine Mobilisierung der Leistungsempfänger zu ersetzen, die sich an ihrer Rehabilitation aktiv beteiligen müssen. Man nennt das »Aktivierung passiver Sozialleistungen«, aber die setzt eben auch eine Aktivierung der betroffenen Personen voraus.

Diese Veränderungen folgen einer gewissen Gesamtlogik. Es handelt sich um politische Maßnahmen, die auf eine *Individualisierung der Sozialleistungen* hinauslaufen und mit dem bereits erwähnten großen gesellschaftlichen Wandel in Einklang stehen, der selbst von Entkollektivierungs- und neuerlichen Individualisierungsprozessen geprägt ist. In dieser Hinsicht sind diese Maßnahmen eine Reaktion auf die Krise des Sozialstaates, dessen zentralisierter Aufbau als Gestalter universell gültiger und anonymer Regeln sich in einem immer stärker diversifizierten und mobileren Universum als ungeeignet erweisen würde. Die neue Organisation der sozialen Sicherung macht es also gewissermaßen erforderlich, daß man jenseits der Verstaatlichung des Sozialen wieder zu einer Berücksichtigung von Einzelfällen und letztlich der einzelnen Menschen zurückfindet.

Aus dieser Verschiebung entstehen jedoch Kosten, angesichts deren man sich fragen kann, ob sie nicht aus mindestens zwei Gründen zu hoch sind. Zunächst einmal konzentrieren sich die Sozialleistungen genaugenommen nämlich auf Bevölkerungsgruppen außerhalb des allgemeinen Systems, weil diese – im weitesten Sinne – unter einem Handikap leiden, also etwa in großer Armut leben, diverse physische, psychische oder soziale Defizite aufweisen oder auf dem Arbeitsmarkt »unvermittelbar« sind. Absicherung hieße in diesem Fall, daß man Bedürftigen Beistand leistet. Selbst wenn man diese neuen Maßnahmen »positive Diskriminierung« nennt, verschwindet damit doch nicht die negative Stigmatisierung, die stets mit derartigen Schritten assoziiert wird.

Dem ließe sich entgegenhalten, daß diese neuen Sicherungsleistungen mit der Fürsorgetradition, die die Menschen ihrer Eigenverantwortung beraubte, brechen, indem sie die aktive Beteiligung der Leistungsempfänger fördern und sie gerade zu selbstverantwortlichem Handeln anhalten. In der Tat ist beispielsweise der Wiedereingliederungsvertrag des RMI eine originelle und verlockende Maßnahme, weil er an die Teilnahmebereitschaft des Anspruchsberechtigten appelliert und dieser bei der Realisierung seines Projekts unterstützt und beraten wird. Diese ehrbaren Absichten unterschätzen jedoch, wie schwierig und oftmals unrealistisch es ist, sich auf die Kräfte von Menschen zu verlassen, denen es gerade an persönlichen Ressourcen mangelt. Es ist schon widersprüchlich, daß man mit diesen verschiedenen Maßnahmen zur Aktivierung von Leistungsempfängern jenen, die wenig haben, viel und oft mehr abverlangt als anderen, die viel haben. Insofern ist es auch nicht weiter verwunderlich, daß der Erfolg dieser Projekte in Wahrheit eher die Ausnahme als die Regel ist. Die zahlreichen Berichte zur Bewertung des RMI zeigen denn auch, daß mehr als die Hälfte der Leistungsempfänger überhaupt keinen Vertrag abschließt, daß der RMI ihnen in den meisten Fällen vor allem erlaubt, »Atem zu holen« und »die Lebensbedingungen der Empfänger am Rande verbessert, ohne sie dauerhaft verändern zu können«,[4] und daß es nur in 10 bis 15 Prozent aller Fälle zu einer beruflichen Wiedereingliederung kommt, das heißt, ein sicherer oder zumeist unsicherer Arbeitsplatz gefunden wird. Auch die Ergebnisse der territorialen Wiedereingliederungspolitik sind hinsichtlich der tatsächlichen Beteiligung der Betroffenen eher durchwachsen.[5]

Damit sollen die Bemühungen, neue Formen der Absicherung zu finden, keineswegs verurteilt werden. Ganz im Gegenteil: Ohne diese Maßnahmen hätte sich

---

4 Le RMI à l'épreuve des faits, Paris 1991, S. 63.
5 Vgl. etwa Évaluation de la politique de la ville, Paris, Délégation interministérielle à la ville, 1993, Kapitel I und II. Eine eher pessimistische Einschätzung der »lokalen Bürgerbeteiligung« findet sich bei Claude Jacquier, *La citoyenneté urbaine dans les quartiers européens*, in: Joël Roman (Hg.), Ville, exclusion et citoyenneté. Entretiens de la ville, II, Paris 1993. Eine aktuelle Bestandsaufnahme heute und einen Vergleich mit der Situation in den Vereinigten Staaten liefern Jacques Donzelot/Catherine Mevel/Anne Wyvekens, Faire société, Paris 2003.

die Situation verschiedener Gruppen, die der Krise der Erwerbsarbeitsgesellschaft zum Opfer fallen, zusätzlich verschärft. Daher kann und sollte man sich meines Erachtens für RMI, Stadtentwicklungspolitik und soziale Mindeststandards einsetzen, sich gleichzeitig jedoch über deren Wirksamkeit Gedanken machen. So gesehen, können die Maßnahmen in ihrer jetzigen Form unmöglich eine umfassende Alternative zu den früher zum Schutz gegen die wichtigsten sozialen Risiken erarbeiteten Sicherungsleistungen darstellen – es sei denn, man tritt für eine völlig unrealistische Regression der Sicherheitsproblematik ein und reduziert die Sozialleistungen auf eine qualitativ zumeist fragwürdige Hilfe, die allein den Ärmsten zusteht.

In Wahrheit vertritt wohl niemand diese Position in ihrer radikalen Form. Wenn das Sozialversicherungssystem heute noch Bestand hat, so liegt das daran, daß die allermeisten Bereiche immer noch von den Versicherungsleistungen abgedeckt werden, ohne der Ressourcenlage der Leistungsempfänger Rechnung zu tragen.[6] Das bedeutet aber auch, daß es diesen neuen Maßnahmen nicht gelungen ist, die dem klassischen Sozialsystem oft vorgeworfene Zweiteilung zu überwinden. Während die Leistungen zur Absicherung gegen die sozialen Risiken insofern ihre Wirksamkeit bewahren, als sie an stabile Beschäftigungsverhältnisse gebunden sind, besteht daneben eine Vielzahl mehr oder weniger improvisierter Hilfsleistungen, die der

---

6 Die Zahl all jener, die Anspruch auf soziale Mindeststandards haben, steigt zwar konstant, beträgt aber lediglich 10% der französischen Bevölkerung.

Vielfalt der Situationen sozialer Deprivation entsprechen. Im Verlauf der letzten zwanzig Jahre hat sich die Konzeption von Solidarität grundlegend gewandelt, und zwar zum Schlechteren. Man hat fast den Eindruck, als ginge es nicht mehr darum, die Gesamtheit der Mitglieder einer Gesellschaft gemeinschaftlich gegen soziale Risiken zu schützen. Die Solidarausgaben, für die der Staat auch weiterhin die Verantwortung trägt, scheinen bevorzugt für einen residuellen Bereich des sozialen Lebens bestimmt zu sein, in dem die »Ärmsten« zu Hause sind. Soziale Sicherheit würde also nur in der Zuteilung eines Mindestmaßes an Ressourcen bestehen, die zum Überleben in einer Gesellschaft notwendig sind, deren Ehrgeiz sich darauf beschränkt, Minimalleistungen gegen die extremen Formen der Deprivation zur Verfügung zu stellen. Wenn eine solche Dichotomie der Sicherungsleistungen Bestand haben sollte, würde dies den Ruin des gesellschaftlichen Zusammenhalts bedeuten.[7]

---

7 Diese Zweiteilung in umfangreiche Sicherungsleistungen, die an keine anderen Bedingungen als die Erwerbsarbeit gebunden sind, und andererseits gezielte Hilfsleistungen für Bevölkerungsgruppen, die weit außerhalb des Arbeitsmarktes stehen, ist allzu schematisch. Was die Versicherungsleistungen betrifft, so ist auch hier ein starker Diversifizierungsdruck je nach Ressourcenlage der Anspruchsberechtigten zu beobachten. Allem Anschein nach bewegen wir uns auf ein Sozialsystem zu, das nach drei Klassen oder Polen umgestaltet wird: steuerfinanzierte Sozialleistungen als Form »nationaler Solidarität«, die, einer Fürsorgelogik entsprechend, für die ärmsten Bevölkerungsgruppen Ressourcen und Mindeststandards

Es ist nicht leicht zu sagen, wie diese Dichotomie überwunden werden könnte. Die aktuelle Situation scheint aber unter anderem deshalb so unbefriedigend, weil die neuen Maßnahmen nur fragmentarischen Charakter besitzen. Sie wurden seit rund zwanzig Jahren nach und nach eingeführt, überschneiden sich oder schaffen rechtlich nicht geregelte Grauzonen. Die ersten Reformen müßten über die verschiedenartigen Situationen hinaus, aus denen nicht nur materielle Schäden, sondern auch Diskontinuitäten bei der Leistungsverteilung und Willkür bei deren Bewilligung entstehen, für *rechtliche Kontinuität* sorgen: Ein *homogenes Rechtssystem*, das den Bereich der Sicherungsleistungen abdeckt, die nicht Teil des kollektiven Versicherungssystems sind, ist ein zumindest realistischer Vorschlag. Die finanziellen Kosten würden sich in einem vernünftigen Rahmen bewegen, und die

---

garantieren (Beispiel: allgemeine medizinische Versorgung und soziale Mindeststandards); grundlegende Versicherungsleistungen, die auch weiterhin an eine Erwerbstätigkeit gebunden sind, wobei jedoch die Risikogarantien und/oder das Leistungsniveau reduziert werden (Beispiel: Rückstufung der Gesundheitsrisiken und/oder ihres Erstattungsniveaus durch die Krankenkassen); immer weiterreichende private Zusatzversicherungen, die jeder einzelne frei wählen kann und die privat finanziert werden (Beispiel: Ausbau einer zumindest partiell kapitalgedeckten Rentenversicherung). Dahinter zeichnet sich eine Entwicklung ab, in der der universalistische Sozialstaat zu einem Sozialstaat wird, der auf einer »positiven« Diskriminierung aufbaut. Vgl. hierzu Nicolas Dufourcq, *Vers un État-providence sélectif*, in: Esprit, Dezember 1994.

technischen Schwierigkeiten bei der Umsetzung wären durchaus nicht unüberwindbar.[8]

Die zweite Frage ist problematischer und schwieriger zu beantworten. Sie betrifft die Natur und die Dauerhaftigkeit dieser neuen Rechte. Es ist eine alte Debatte, die sich stets um das Recht auf Hilfe entspann. Obwohl bestimmte Hilfsleistungen einen Rechtsanspruch darstellen (in Frankreich seit den Sozialfürsorgegesetzen der III. Republik), ist dieser Anspruch durchaus an eine Beurteilung des Leistungsempfängers gebunden, der seine Bedürftigkeit nachweisen muß. Außerdem müssen diese Sozialleistungen stets niedriger ausfallen als das Gehalt, das man aus einer Erwerbsarbeit bezieht (die angelsächsische *less eligibility*). Alexis de Tocqueville – der ganz gewiß kein Verfechter des Sozialstaates war und der die »gesetzlich organisierte Nächstenliebe« der Engländer scharf kritisiert – unterstreicht mit Nachdruck, wie gegensätzlich zwei Formen von Rechten sind: »Die gewöhnlichen Rechte werden den Menschen aufgrund einer persönlichen Leistung eingeräumt, die sie gegenüber ihren Mitmenschen auszeichnet. Besagtes Recht [auf Unterstützung] dagegen wird aufgrund einer anerkannten Minderwertigkeit gewährt [...] und schreibt diese gesetzlich fest.«[9] Die »gewöhnlichen Rechte« sind Rechte, die an die Zugehörigkeit

---

8 Vgl. die Empfehlungen von Jean-Michel Belorgey (Jean-Michel Belorgey u. a., Refonder la protection sociale, Paris 2001).

9 Alexis de Tocqueville, Mémoire sur le paupérisme, Paris 1999, S. 37.

zu einem politischen Gemeinwesen gebunden sind. Sie sind »gewöhnlich«, weil sie allen unterschiedslos gewährt werden. Sie verleihen allen Rechtssubjekten dieselbe Menschenwürde. Das gilt beispielsweise für die bürgerlichen und politischen Rechte in einer Demokratie: Sie bilden die Grundlage einer politischen Staatsbürgerschaft.

Kann das Recht auf Unterstützung eine soziale Staatsbürgerschaft begründen? Nicht, wenn es auch weiterhin »aufgrund einer anerkannten Minderwertigkeit gewährt« wird und »diese gesetzlich festschreibt«. Eine Lösung zur Überwindung dieser alten Aporie könnte darin bestehen, die Wiedereingliederungspolitik zu vertiefen. Wenn – wie gesehen – die Ergebnisse, die bisher unter dieser Bezeichnung erzielt wurden, ambivalent und eher enttäuschend sind, dann liegt das eben auch daran, daß das Konzept nur sehr unvollständig genutzt wurde. Wenn »die gesellschaftliche und berufliche Wiedereingliederung hilfsbedürftiger Menschen ein nationaler Imperativ« ist – wie es in Artikel 1 des Gesetzes zum RMI heißt –, müßte zu einer Realisierung, über die Sozialarbeiter und die Vertreter sozialer Vereinigungen hinaus, wenn nicht die ganze Nation, so doch zumindest ein breites Spektrum von Partnern tatsächlich mobilisiert werden, das heißt Entscheidungsträger aus Politik, Verwaltung und Wirtschaft. Das ist nur selten geschehen. Da die Problematik der Wiedereingliederung nach Sektoren behandelt und zumeist den zuständigen Sozialbehörden überlassen wurde, war sie in ihrer Wirksamkeit beschränkt. Es ist eine anspruchsvolle Idee, Menschen in Schwierigkeiten effektiv zu begleiten und ihnen aus ihrer Situation herauszuhelfen. Gegenüber der klassischen Organisation von Unterstützungsleistungen bietet sie den Vorteil, sich direkt an die Person in ihrer besonderen persönlichen Lebens- und Bedürfnislage zu wenden. Sie darf sich allerdings nicht auf eine psychologische Unterstützung beschränken. Die Wiedereingliederungsbehörden neigten bisher dazu, dem *psychologischen Aspekt* Vorrang einzuräumen. Man versuchte, das Verhalten hilfsbedürftiger Menschen zu beeinflussen, indem man sie zu einer Änderung ihrer Einstellung anregte und sie motivierte, »da herauszukommen«, ganz so, als trügen sie selbst die Hauptverantwortung für ihre Situation.[10] Damit ein Bedürftiger sich jedoch wirklich Projekte vornehmen und Verträge einhalten kann, muß er sich auf einen Grundstock objektiver Ressourcen stützen können. Um Zukunftsperspektiven zu entwickeln, bedarf es eines Mindestmaßes an Sicherheit in der Gegenwart.[11] Wenn man mithin eine hilfsbedürftige Person ernsthaft als Individuum behandeln möchte, muß man ihr Unterstützung zur Verfügung stellen, damit sie sich auch wie ein vollgültiges Individuum verhalten kann. Dabei handelt es sich nicht nur um materielle Ressourcen oder um psychologische Beratung, sondern auch

---

10 Vgl. das Vorwort von François Dubet zu Denis Castra, L'insertion professionnelle des publics précaires, Paris 2003.

11 Es sei hier an die klassische Analyse von Pierre Bourdieu über die Unmöglichkeit des algerischen Subproletariats erinnert, Zukunftsperspektiven zu entwickeln. Vgl. Pierre Bourdieu (zusammen mit Alain Darbel/Jean-Paul Rivet/Claude Seibel), Travail et travailleurs en Algérie, Paris 1964.

um die notwendigen Rechte und die erforderliche soziale Anerkennung, die eine mögliche Unabhängigkeit erst garantieren.[12]

Was auf den RMI zutrifft, ließe sich auch für jegliche Territorialpolitik seit Beginn der achtziger Jahre sagen. Diese ersten Ansätze könnten als Leitidee dienen, um Bevölkerungsgruppen wiedereinzugliedern, die durch die Maschen des Sicherungsnetzes der Erwerbsarbeit gefallen sind oder denen es nicht gelingt, dort ihren Platz zu finden: Man sollte sie nicht als abhängige Leistungsempfänger betrachten, sondern als Partner, die vorübergehend um ihre sozialen Staatsbürgerrechte gebracht wurden, und sich das vorrangige Ziel setzen, ihnen die – nicht nur materiellen – Mittel zur Verfügung zu stellen, um diese wiederzuerlangen. Konkret bedeutet dies, daß parallel zu der bereits erwähnten Rechtskontinuität eine *Kontinuität und Synergie der Sozialpraktiken* zur Integration Hilfsbedürftiger gefördert werden sollte. Zum Beispiel wären regelrechte *Integrationskollektive* vorstellbar,[13] eine Art staatliche Agenturen, in denen verschiedene Instanzen mit den Aufgaben, bei der Arbeitsplatzsuche zu helfen und

---

12 Für nähere Ausführungen zu diesem Begriff der Unterstützung *(support)* als notwendige Basisressource, um sich faktisch wie ein Individuum zu verhalten, sei auf Robert Castel/Claudine Haroche, Propriété privée, propriété sociale, propriété de soi, Paris 2000, verwiesen.

13 Zu den Funktionsweisen der aktuellen lokalen Wiedereingliederungskommissionen des RMI und deren Unzulänglichkeiten vgl. Isabelle Astier, Revenu minimum et souci d'insertion, Paris 1997.

gegen soziale Segregation, Armut und Ausgrenzung zu kämpfen, sich zusammenschließen und über eigene Finanzmittel und Entscheidungsbefugnisse verfügen. Dadurch würden die verschiedenen Partner, die derzeit an der Qualifizierung hilfsbedürftiger Personen unkoordiniert beteiligt sind, auf lokaler Ebene und unter einer geeinten Entscheidungs- und Finanzierungskompetenz zentralisiert. Derartige Strukturen würden zwar nicht alle Probleme lösen, die sich aus der Existenz dauerhaft vom Arbeitsmarkt entfernter Bevölkerungsgruppen ergeben, doch wären sie sicherlich ein entscheidender Schritt auf dem Weg zu einer Wiedereingliederungsdynamik, durch die sie wieder Anschluß an das allgemeine Sozialversicherungssystem finden können.[14]

---

14 Zu dieser Konzeption einer eng definierten, aber für die aktive Sozialpolitik notwendigen Integration vgl. auch Pierre Rosanvallon, La nouvelle question sociale, Paris 1995, Kapitel 6. Theoretisch besteht eine zweite Möglichkeit, den stigmatisierenden Charakter des Rechts auf Hilfsleistungen zu überwinden, indem allen unterschiedslos ein an keinerlei Bedingungen geknüpfter Anspruch auf Bürgergeld gewährt würde. Diese Möglichkeit ist Teil einer Debatte, die vor allem aufgrund der verschiedenartigen Varianten, die vorgeschlagen werden, äußerst komplex ist: Bürgergeld, Grundeinkommen, Mindesteinkommen, Existenzgeld, Grundsicherung usw. Die Position, die sich aus diesen Überlegungen zu den Mindestforderrnissen einer Sozialversicherungspolitik ergibt, sei schematisch folgendermaßen zusammengefaßt: In den meisten der vorgeschlagenen Varianten würde die Einrichtung eines Grundeinkommens wohl eher die Situation verschlim-

Ganz allgemein wurde bereits darauf hingewiesen, daß die Sozialversicherungsstrukturen in ihrer Gesamtheit von einer Individualisierungs- oder Personalisierungstendenz geprägt sind. Die Bewilligung einer Leistung ist abhängig von der spezifischen Lebenssituation und dem jeweiligen Verhalten des Antragstellers. Damit rückt im Grunde ein Vertragsmodell wechselseitiger Leistungen zwischen Empfängern und Bewilligungsinstanzen an die Stelle des Status des

mern und den Arbeitsmarkt unwiderruflich aushöhlen. Diesen Vorschlägen zufolge müßte ein Basiseinkommen, das für eine anständige Lebensführung nicht ausreicht, unbedingt aufgebessert werden – vor allem, indem man bedingungslos jede Arbeit annimmt. Dadurch, daß das Bürgergeld Arbeit und Sozialleistungen voneinander trennt, »befreit« es den Arbeitsmarkt. Es ist die einzige »soziale« Gegenleistung zur Entfaltung eines ungezügelten Liberalismus, die im übrigen in den Augen von radikalen Liberalen wie Milton Friedman durchaus wünschenswert ist. Gleichzeitig werden dadurch jedoch alle Versuche einer aktiven Wiedereingliederungspolitik zunichte gemacht, die Rückkehr auf den normalen Arbeitsmarkt zu garantieren. Anders verhält es sich mit einem »hinreichenden« Grundeinkommen, wie André Gorz es nennt, der sich nach energischem Widerstand dieser Option angeschlossen hat (Armut zwischen Misere und Utopie, Frankfurt am Main 2000). Dabei handelt es sich um eine »ausreichende« Summe als Garant für die soziale Unabhängigkeit der Leistungsempfänger. Zurückhaltend veranschlagt, müßte sie sicherlich etwa auf die Höhe des SMIC (Mindestlohn) beziffert werden, der allen Bürgern zustünde, ohne daß diese dafür eine Gegenleistung in Form von Arbeit erbringen müßten. Selbst wenn man den Umstand berücksichtigt, daß

Anspruchsberechtigten, an den keinerlei weitere Bedingungen geknüpft sind.[15] Eine solche Entwicklung kann insofern positive Konsequenzen nach sich ziehen, als sie das allgemein Unpersönliche und Bürokratisch-Undurchsichtige bei der Verteilung uniformer Leistungen korrigiert. So gesehen enthält der Slogan, man müsse »die passiven Sozialausgaben reaktivieren«, einen wahren Kern. Gleichwohl unterschätzt die Vertragslogik, die letztlich auf eine Tauschsituation auf dem Markt zurückgeht, die zwischen den Vertragspartnern bestehenden Unterschiede. Der Leistungsempfänger befindet sich hier in der Situation eines Bittstellers; es wird aber so getan, als verfüge er über die notwendige Verhandlungsmacht, um mit der Bewilligungsinstanz für die Sozialleistungen eine wechselseitige Beziehung eingehen zu können. Das ist jedoch nur selten der Fall. Der Antragsteller ist ja gerade auf solche Leistungen angewiesen, weil er als Individuum nicht über die notwendigen Ressourcen

---

durch eine solche Zahlung andere Sozialleistungen überflüssig würden, was im übrigen zwangsläufig zu unerwünschten Nebeneffekten führen würde, erscheint eine solche Maßnahme im gegenwärtigen Kontext politisch völlig aussichtslos. Es mag sich dabei um eine Utopie handeln. Aber manche Utopien sind gefährlich, weil sie von der Suche nach realistischeren Alternativen ablenken. (Vgl. dazu u. a. die Sonderausgabe der Zeitschrift *Multitudes,* Nr. 8, 2002, die – sieht man einmal von meinem Beitrag ab – diese Maßnahmen eher befürworten und illustrieren.)

15 Vgl. Robert Lafore, *Du contrat d'insertion au droit des usagers*, in: Partage, Nr. 167, August–September 2003.

verfügt, um seine Unabhängigkeit selbst zu sichern. Bürdet man ihm daher die Hauptlast für den Prozeß auf, der letztlich seine Unabhängigkeit sichern soll, muß er dabei fast zwangsläufig den kürzeren ziehen.

Der Rückgriff auf das Recht ist bis heute die einzige Lösung, um philanthropische oder paternalistische Praktiken von Behörden oder Sozialarbeitern zu überwinden, die sich mehr oder weniger wohlwollend, mehr oder weniger argwöhnisch mit dem Schicksal Hilfsbedürftiger beschäftigen und dann entscheiden, ob und in welchem Umfang diese wirklich Hilfe verdienen. Ein Recht schafft dagegen einen Anspruch, weil es sich dabei um eine kollektive, gesetzlich verankerte Garantie handelt, die die gleichberechtigte Zugehörigkeit jedes einzelnen zur Gesellschaft – ungeachtet seiner besonderen Lebenssituation – anerkennt. Dies berechtigt ihn zur Teilhabe am gesellschaftlichen Eigentum und zum Genuß der wesentlichen Vorrechte der Bürgerschaft: in Anstand zu leben, medizinisch betreut zu werden, ein Dach über dem Kopf zu haben, in seiner Menschenwürde respektiert zu werden und so weiter. Wie das Recht umgesetzt und ausgeübt wird, muß dann sicherlich konkret ausgehandelt werden, da die Universalität eines Rechts nicht mit der Uniformität seiner Umsetzung gleichzusetzen ist. Ein Recht an sich ist jedoch nicht verhandelbar. Es muß respektiert werden. Daher sollte man die unternommenen Bemühungen begrüßen, die Sozialleistungen so genau wie möglich an die konkreten Lebensumstände und die Bedürfnisse der Empfänger anzupassen. Allerdings sollte eine bestimmte Grenze nicht überschritten werden. Es wäre verfehlt, das Recht auf Sicherungsleistungen mit

einem Tauschverhältnis marktwirtschaftlicher Natur
zu verwechseln, das die Leistungsbewilligung nur von
den Verdiensten der Leistungsempfänger oder von ihren mehr oder weniger erschütternden Lebensumstän-
den abhängig macht. Entschieden muß daran erinnert
werden, daß das Sozialversicherungssystem nicht nur
das Ziel verfolgt, den Schwächsten Hilfe zu bieten, damit sie nicht völlig vor die Hunde gehen. Genau betrachtet, ist es für alle die Grundvoraussetzung dafür,
daß sie auch weiterhin zu einer Gesellschaft der Ähnlichen gehören.

## Sicherung der Beschäftigung

Um die sozialen Sicherungsmechanismen heute wieder
zu stärken, sollten als zweiter Schwerpunkt die *Beschäftigungssituationen* und die *Berufswege* abgesichert werden. Dazu bedarf es einer möglichst genauen Diagnose
der aktuellen Lage. In der Erwerbsarbeitsgesellschaft
ließ sich ohne weiteres von einer Sozialstaatsbürger-
schaft sprechen, insofern bedingungslose Rechte (oder
»gewöhnliche Rechte«, wie es bei Tocqueville heißt)
an die Berufssituation gebunden waren. Der *Beschäftigungsstatus* bildete den Sockel dieser Zugehörigkeit zu
einer Bürgerschaft und garantierte eine enge Verbindung von Rechten und Sozialleistungen (Arbeitsrecht
und Sozialversicherungssystem). Seit dem in den siebziger Jahren einsetzenden »großen Wandel« ist zu beobachten, daß diese Verbindung – wir wollen versuchen,
die Worte sorgsam abzuwägen – *brüchig* wird, ero-
diert, nicht jedoch *kollabiert*, wie es unheilschwanger

in manchen Abhandlungen heißt, die die Beschreibung
der Verschlechterung der Beschäftigungssituationen
und der mit der Erwerbsarbeit verbundenen Sicherungsstrukturen bisweilen an die Grenze des Absurden
treiben.[16] Angesichts des Trümmerfeldes, das manches
Mal gezeichnet wird, muß man sich einige Fakten in
Erinnerung rufen: Selbst wenn die sozialen Sicherungsstrukturen brüchig werden und bedroht sind, leben
wir immer noch in einer Gesellschaft, die von sozialen
Strukturen umgeben und durchwirkt ist (Arbeitsrecht,
Sozialversicherung); selbst wenn der Bezug zur Arbeit
immer problematischer geworden ist, behält diese doch
ihre zentrale Bedeutung (und das auch oder vielleicht
gerade für all jene, die ihren Arbeitsplatz verloren haben oder deren Arbeitsplatz gefährdet ist – siehe die
Umfragedaten zu Arbeitslosen und Arbeitnehmern in
unsicherer Beschäftigungslage); selbst wenn das Verhältnis zwischen Erwerbsarbeit und Sozialleistungen
nicht mehr gleichsam unumschränkt herrscht, ist es
doch immer noch bestimmend (knapp 90 Prozent der
französischen Bevölkerung – inklusive der Mitversi-
cherten – sind über die Erwerbsarbeit abgesichert, und
das auch in Nichterwerbssituationen wie im Ruhestand
und zum Teil auch in der Erwerbslosigkeit).

Die Erwerbsarbeit ist also immer noch von ganz

---

16 Vgl. beispielsweise Gorz, Arbeit zwischen Misere und
Utopie; Viviane Forrester, Der Terror der Ökonomie,
Wien 1997, und all jene, die das Ende der Arbeit pro-
phezeiten, vor einigen Jahren noch hoch im Kurs standen und heute glücklicherweise ein geringeres Interesse
wecken.

zentraler Bedeutung für das soziale Schicksal der großen Mehrheit der Bevölkerung. Der – immense – Unterschied im Vergleich zur zurückliegenden Epoche ist
jedoch, daß die Arbeit vielleicht nicht ihre *Bedeutung*,
dafür aber viel von ihrer *Konsistenz* verloren hat, aus
der sich ihre schützende Macht zu einem Gutteil ab-
leitete. Die allgemeine Flexibilisierung der Erwerbssituationen und der Berufswege (vgl. vorangegangenes
Kapitel) sorgt dafür, daß die Zukunft der Arbeitswelt
von Ungewißheit geprägt ist. Wenn man diesen Wandel ernst nimmt, dann zeigt sich das Ausmaß der Herausforderung, mit der wir heute konfrontiert sind: Ist
es möglich, diesen Erwerbssituationen, die sich durch
ihre Hypermobilität auszeichnen, neue Formen der
Absicherung an die Seite zu stellen? Meines Erachtens
sollte bevorzugt der Frage nachgegangen werden, ob
es neue Rechte geben kann, mit denen sich wechsel-
hafte Arbeitssituationen absichern und diskontinuierliche Berufswege sicherer gestalten lassen.

Vor diesem Hintergrund müssen heute neue Überlegungen zum Status der Erwerbsarbeit angestellt werden. In der Erwerbsarbeitsgesellschaft waren die Garantien, auf die der Arbeitnehmer Anspruch hatte, an
die jeweiligen Eigenschaften eines stabilen Arbeitsplat-
zes gebunden. Der Arbeiter »besetzte« einen Arbeitsplatz, woraus sich für ihn sowohl Pflichten als auch Sozialleistungen ergaben. Diese Situation entsprach der
Dauerhaftigkeit der Arbeitsbedingungen (Dominanz
unbefristeter Arbeitsverträge) in zeitlicher Hinsicht
und in bezug auf die Bestimmung der damit verbundenen Arbeitsaufgaben (streng definierte Qualifikations-
kategorien, homogene Berufs- und Gehaltsgruppen, si-

chere Arbeitsplätze, kontinuierliche Karrierewege und so weiter). Es gab einen *Beschäftigungsstatus*, dem die Schwankungen des Marktes und die technologischen Entwicklungen nicht viel anhaben konnten und der die stabile Basis des Angestelltenverhältnisses bildete.[17] Gegenwärtig kommt es zunehmend zu einer *Fragmentierung der Beschäftigungsverhältnisse*, die nicht allein die eigentlichen Arbeitsverträge betrifft (vermehrt auftretende »atypische« Beschäftigungsformen gemessen am unbefristeten Anstellungsverhältnis), sondern auch die Flexibilisierung der Arbeitsaufgaben. Daraus entstehen immer mehr Beschäftigungssituationen, die rechtlich gar nicht oder nur schwach abgesichert sind. Alain Supiot spricht in diesem Zusammenhang von »den Grauzonen der Beschäftigung«:[18] Teilzeitarbeit, diskontinuierliche Beschäftigungsverhältnisse, »freiberufliche« Arbeit, die jedoch eng an einen Auftraggeber gebunden ist, neue Formen der Heimarbeit wie etwa Telearbeit, Outsourcing, vernetztes Arbeiten und dergleichen. Gleichzeitig ist die Arbeitslosigkeit stark gestiegen, und Zeitabschnitte mit und ohne Beschäftigung wechseln sich vermehrt ab. Insofern gewinnt man

---

17  Zur Entstehung dieses Beschäftigungsstatus in Abgrenzung zum Arbeitsvertrag liberaler Prägung vgl. Alain Supiot, Critique du droit du travail, Paris 1994. Natürlich gibt es mehrere Beschäftigungsstatus, wobei der öffentliche Dienst sicherlich die höchsten Sozialleistungen bietet. Das ändert jedoch nichts an der Tatsache, daß alle klassischen Arbeitsformen, auch die des Privatsektors, einen Beschäftigungsstatus beinhalten, der durch das Arbeitsrecht und Sozialleistungen abgesichert ist.

18  Alain Supiot, Au-delà de l'emploi, Paris 1999.

den Eindruck, daß die Beschäftigungsstruktur in einer wachsenden Zahl von Fällen kein hinreichend stabiles Fundament mehr ist, um daran dauerhafte Rechte und Absicherungen knüpfen zu können.

Eine mögliche Antwort auf diese Situation könnte darin bestehen, *die Rechte vom Beschäftigungsstatus zu entkoppeln und auf die Person des Arbeitnehmers* zu übertragen. Die Vorstellung ist ein

beruflicher Zustand der Menschen, der sich nicht durch die Ausübung eines Berufs oder einer bestimmten Beschäftigung definiert, sondern die verschiedenen Arbeitsformen umfaßt, die jeder Mensch in seinem Leben ausübt.[19]

Dadurch würde quer zu den diskontinuierlichen Berufswegen neuerlich eine *Rechtskontinuität* begründet, die auch die Perioden umfaßt, in denen die Erwerbstätigkeit unterbrochen wird (neben der Arbeitslosigkeit auch Unterbrechungen der Erwerbstätigkeit aufgrund von Weiterbildungen oder aus persönlichen oder familiären Gründen).

Dagegen ließe sich einwenden, daß eine solche Übertragung der Rechte auf die Person des Arbeitnehmers nicht weniger Probleme aufwirft, als sie zu lösen vorgibt. Voraussetzung dafür wäre in der Tat, daß jeder Arbeitnehmer über »soziale Ziehungsrechte«[20] verfügt, um die verschiedenen Zeitabschnitte seines Werdegangs abzudecken. Wie sollte eine solche Leistung

---

19 Ebenda, S. 89.

20 Der Begriff der »sozialen Ziehungsrechte« stammt aus einem Bericht mit dem Titel »Transformation of labour and future labour law in Europe«, den Alain Supiot u. a. der EU im Jahre 1998 vorgelegt haben. Eines der Ergeb-

finanziert werden, wer sollte sie organisieren, welche Garantien sollten damit verbunden sein, wie sollten die Tarifpartner dazu verpflichtet werden, welche Rolle sollte der Staat dabei spielen? All diese Fragen harren gegenwärtig noch einer Antwort, so daß dieses Arbeitsgebiet tatsächlich erst noch erkundet werden muß. Zudem stellt sich die Frage, ob dieser neue Berufsstatus nur die »Grauzonen der Beschäftigung« betreffen sollte, die nicht oder nur unzureichend über den klassischen Beschäftigungsstatus abgesichert sind, oder ob er darüber hinaus die gesamten Sicherungsleistungen aller Beschäftigungsformen komplett neu strukturieren sollte. Das ist eine ganz zentrale Frage. Im ersten Fall würde man ein bereits bestehendes Sozialversicherungssystem komplettieren, um die rechtlich nicht abgedeckten Bereiche abzusichern, während es sich im zweiten Fall um eine völlige Um- und Neu-

nisse dieser Studie bestand darin, daß der klassische Beschäftigungsstatus der europäischen Arbeitnehmer brüchiger geworden ist und sich neue Rechte herausbilden, die die Autoren unter dem Sammelbegriff der *social drawing rights* subsumiert haben. Diese individuellen Arbeitnehmerrechte regeln und sichern den Übergang zwischen verschiedenen Formen der Arbeit (Erwerbs-, Bildungs-, Familien- und Erziehungsarbeit, selbständige und ehrenamtliche Arbeit etc.). Der Begriff ist den monetären Ziehungsrechten des Internationalen Währungsfonds nachempfunden – sie sind an vorherige »Ersparnisse« gebunden und können individuell eingelöst werden. Sozial sind sie insofern, als die gebildeten Reserven im gesamtgesellschaftlichen Interesse angelegt und organisiert werden.

gestaltung handeln würde. Das liefe darauf hinaus, daß man auf den klassischen Beschäftigungsstatus verzichtet, der gegenwärtig nicht nur im öffentlichen Dienst, sondern auch in zahlreichen stabilen Kernbereichen des Privatsektors immer noch stark vertreten ist. In der Tat hängt die Antwort davon ab, wie man die aktuelle Beschäftigungskrise analysiert. Es ist unbestritten, daß das sogenannte »fordistische« Arbeitsverhältnis, das vor allem durch die Großindustrie begründet wurde und sich im Zuge der Entwicklung des Industriekapitalismus ausdehnte, starke Auflösungserscheinungen zeigt. Aber kann man alle Beschäftigungsformen dem »fordistischen« Angestelltenverhältnis zuordnen?[21]

---

21 Mein Eindruck ist, daß der Ausdruck »fordistisches Angestelltenverhältnis« oft mißbräuchlich zur Bezeichnung der Gesamtheit der Beschäftigungsverhältnisse in der Erwerbsarbeitsgesellschaft verwandt wurde, deren Spektrum weit gefaßt ist und vom ungelernten Hilfsarbeiter bis zur leitenden Position, vom Angestellten in der Privatwirtschaft bis zum Beamten reicht. Diese Bemerkung ist durchaus von Bedeutung, wenn man sich fragt, wie weit man »über die Erwerbsarbeit hinausgehen« sollte, wie der Titel des Buches von Alain Supiot lautet. Meines Erachtens gibt es immer noch zahlreiche Beschäftigungsformen, die in etwa dem entsprechen, was man früher »Handwerk« nannte, d. h. stabile berufliche Qualifikationen, die eine soziale Unabhängigkeit garantieren. So gesehen bestünde die Gefahr, daß man das Kind mit dem Bade ausschüttet, wenn man das Beschäftigungsmodell vollständig auflöst. Erste Ansätze zu einer Erklärung dieses Standpunktes finden sich in Robert Castel, *Droit du travail: redéploiement ou refondation?*, in: Droit social, Nr. 6, Mai 1999.

Wie auch immer die Antwort ausfallen mag, weite Teile der Beschäftigungssektoren sind unbestreitbar bereits von einem stabilen zu einem *transitorischen System*, wie man es wohl nennen könnte, übergegangen, das berufliche Umorientierungen, Arbeitsplatzwechsel, Unterbrechungen der Erwerbstätigkeit und manchmal auch radikale Brüche beinhaltet. Die Beschäftigungsmobilität führt nunmehr dazu, daß man oftmals nicht innerhalb eines Beschäftigungsverhältnisses, sondern zwischen zwei Arbeitsplätzen und manchmal auch zwischen Erwerbstätigkeit und Erwerbslosigkeit hin und her wechselt. Daher ist es auch so dringend geboten, diese Übergänge zu organisieren, Brücken zwischen zwei Situationen zu schlagen, so daß dabei keine Ressourcen verlorengehen oder der Status beeinträchtigt wird. Das ist das Programm sogenannter »Übergangsarbeitsmärkte, mit denen sich Mobilität und soziale Sicherheit vereinbaren lassen«.[22] Die sozialen Ziehungsrechte, die Alain Supiot in seinem Bericht empfiehlt, sind Teil dieser Logik. Darüber hinaus ist aber auch ein ganzes Arsenal an »Übergangsrechten« für die Arbeitnehmer denkbar, die bewirken würden, »daß eine Reihe von sozial vorgezeichneten Lebensabschnitten außerhalb der Erwerbstätigkeit zum festen Bestandteil einer Berufskarriere würde, anstatt diese zu unterbrechen«.[23]

Daher werden Schulungsprogramme eine zentrale Rolle spielen, um die Veränderungen zu begleiten.

---

22 Vgl. Bernard Gazier, Tous »sublimes«. Vers un nouveau plein emploi, Paris 2003.
23 Ebenda, S. 162.

Mehr als das lebenslange Lernen, von dem heute die Rede ist, geht es hier um ein wirkliches *Recht der Arbeitnehmer auf Fortbildung*, mit dem sie ihr ganzes Leben lang das notwendige Wissen und die erforderlichen Qualifikationen erwerben können, um ständig mobil zu bleiben. Bernard Gazier bemerkt, daß die Dänen, denen es gelungen ist, im Rahmen einer sogenannten »flexicurity« nahezu eine Situation der Vollbeschäftigung aufrechtzuerhalten, auch den Neologismus *learnfare*, Hilfe durch Weiterbildung, als unterstützende Schulungsmaßnahmen geprägt haben. Damit soll das autoritäre angelsächsische System des *workfare* abgelöst werden, um durch eine deutliche Verbesserung des Qualifikationsniveaus den Arbeitnehmern die Rückkehr auf den Arbeitsmarkt zu ermöglichen.

Diese Initiativen sind noch nicht ausgereift. Sie begründen noch kein Modell zur Arbeitssicherung, das dieselbe Konsistenz besäße wie das der klassischen Beschäftigung. Ihr Interesse bemißt sich vielmehr an der grundlegenden Frage, die sie aufwerfen: *Wie lassen sich Mobilität und Sicherheit miteinander vereinbaren, und wie kann dem mobilen Arbeitnehmer ein wirklicher Status zuerkannt werden?* Wie kann man den zahlreichen neuen Arbeitsformen außerhalb des klassischen Beschäftigungsrahmens Rechnung tragen (man denke etwa an die Hoffnungen, die viele mit dem Ausbau eines dritten oder vierten Wirtschaftssektors, einer Sozial- oder Solidarwirtschaft und dergleichen verbinden), ohne daß immer mehr Erwerbsformen entstehen, die in bezug auf Arbeitsrecht und Sozialversicherung eine Statusverschlechterung bedeuten? Die Arbeitsplatzunsicherheit ist zweifelsohne für die Mehrzahl der Mitglieder der Gesellschaft zu einem wichtigen Unsicherheitsfaktor geworden, wie sie es schon vor dem Entstehen der Erwerbsarbeitsgesellschaft war. Die eigentliche Frage ist jedoch, ob sie als unausweichliches Schicksal des vorherrschenden Marktkapitalismus akzeptiert werden muß.

Angesichts der umfangreichen Deregulierungen, die im Laufe des zurückliegenden Vierteljahrhunderts die Arbeitsorganisation getroffen haben, und der Wirkungsmacht der Individualisierungsdynamiken, die der sozialen Landschaft ein neues Gepräge geben, ist es nicht leicht, übertrieben optimistisch in die Zukunft zu blicken. Allerdings gibt es auch keinen Grund, die Zukunft in den schwärzesten Farben zu malen. Mit voller Wucht traf der jüngste Wandlungsprozeß des Kapitalismus den Sozialkompromiß der Erwerbsarbeitsgesellschaft, der einen leidlichen Ausgleich schuf zwischen dem Markterfordernis, maximalen Reichtum zu möglichst geringen Kosten zu produzieren, und der notwendigen sozialen Absicherung der Arbeitnehmer, die zusammen mit dem Kapital die Produzenten dieses Reichtums sind. Die Frage bleibt allerdings unbeantwortet, ob es sich hier um eine Übergangsperiode zwischen zwei Formen des gesellschaftlichen Gleichgewichts handelt – dem Industrie- und einem neuen Kapitalismus, für den noch eine treffende Bezeichnung[24] fehlt –, das heißt

---

24 Zu den Besonderheiten und der Natur dieses »neuen Kapitalismus« vgl. die anregende Debatte in: Carlo Vercellone (Hg.), Sommes-nous sortis du capitalisme industriel?, Paris 2003.

um einen Moment der »schöpferischen Zerstörung«, wie Schumpeter sagen würde, oder ob es sich um die normale Gestalt des künftigen Kapitalismus handelt. Es ist keineswegs erwiesen, daß die brutalsten Formen der Instrumentalisierung »menschlichen Kapitals« für die Anforderungen der neuen Produktionsweise am besten geeignet sind. Kann ein Arbeiter, von dem man Flexibilität erwartet, vielseitige Einsatzbereitschaft, Verantwortungsbewußtsein, Eigeninitiative und die Fähigkeit, sich ständig an Veränderungen anzupassen, all dies ohne ein Mindestmaß an Absicherung überhaupt leisten? Ist die Arbeit wirklich die einzige »Anpassungsvariable«, um die Profite zu maximieren? Selbst in den Management- und Vorstandsetagen wird man sich zunehmend bewußt, daß der Burnout auf die Arbeiter kontraproduktiv wirkt und daß betriebliche Umstrukturierungen und Managementmethoden, die ausschließlich einer finanziellen Logik folgen, auf die Unternehmenskultur zerstörerisch wirken.[25] Zudem muß – unter anderem aus demographischen Gründen[26] – das Kräfteverhältnis für die Arbeitnehmer in Zukunft nicht unbedingt genauso ungünstig sein, wie es in den letzten zwanzig Jahren angesichts der herrschenden Massenarbeitslosigkeit der Fall war. Wie

---

25 Vgl. Daniel Cohen, Unsere modernen Zeiten, Frankfurt am Main/New York 2001.

26 Ab 2006/07 dürfte die französische Bevölkerung durchschnittlich rund 300000 Arbeitnehmer pro Jahr verlieren, weshalb die optimistischsten Beobachter eine Rückkehr zur Vollbeschäftigung ab 2010 prognostizieren. Dazu bedarf es jedoch eines aktiven Mitwirkens.

dem auch sei, es geht hier gar nicht darum, über die Zukunft zu spekulieren, sondern um die Feststellung, daß sie nicht wirklich vorhersehbar ist. Es wird auch davon abhängen, was wir heute tun oder lassen, um sie aktiv zu gestalten. Diese Situation der Ungewißheit macht die Frage nach sozialer Absicherung nicht überflüssig, sondern unterstreicht vielmehr ihre brennende Aktualität. Ob die zunehmende soziale Unsicherheit aufzuhalten sein wird, hängt nicht zuletzt davon ab, ob die Erwerbsarbeit gesichert werden kann oder nicht.

# Schluß

»Gott schütze Sie!« In diesem Ausruf, wie er in den religiös geprägten Jahrhunderten üblich war, kam das damals allseits geteilte Gefühl zum Ausdruck, daß eine allmächtige Schutzinstanz über den Menschen wachen müsse, damit er wirklich vor allen Wechselfällen des Lebens sicher sei. Da es an diesem Fundament fehlt, fällt nunmehr dem Menschen in der Gesellschaft die undankbare Aufgabe zu, selbst für seine Absicherung zu sorgen. Dennoch gewinnt man den Eindruck, daß der Wegfall der religiös begründeten Sicherheitsgarantien gleichsam als Schlagschatten den absoluten Wunsch, gegen alle Ungewißheiten des Lebens geschützt zu sein, hinterlassen hat. Die Ausweitung der Sicherungsleistungen ist ein langer historischer Prozeß, der mit der Entfaltung des Staates und den Anforderungen der Demokratie einhergeht. Zweifelsohne ist er noch nie so omnipräsent gewesen wie heute. Gleichwohl kommt man um die Einsicht nicht herum, daß die vielfältigen Sicherungssysteme das Sicherheitsbedürfnis nicht besänftigen, sondern daß sie ihm vielmehr Nahrung bieten. Ob zu Recht oder zu Unrecht (wobei diese Formulierung im Grunde nicht viel Sinn hat, da es sich nicht um ein rationales Kalkül handelt), der Gedanke an Sicherheit quält den modernen Menschen nicht weniger als seine Ahnen in dunkler Vorzeit, die guten Grund hatten, sich über ihr Überleben Sorgen zu machen. Ein soziohistorischer Ansatz, der dieses Paradox aufdeckt, mündet in zwei

Aussagen, die widersprüchlich anmuten, in Wahrheit jedoch komplementär sind: Einerseits gilt es, überzogene Sicherheitsansprüche zu kritisieren, andererseits, die zentrale Bedeutung des Sicherheitsbedürfnisses zu unterstreichen.

*Überzogene Sicherheitsansprüche müssen kritisiert werden*, weil eine solche Haltung es letztlich unmöglich macht, sich überhaupt zu schützen. Dadurch nistet sich die Angst mitten im sozialen Leben ein, eine Angst jedoch, die steril ist, wenn sie sich auf unkontrollierbare Wechselfälle konzentriert, die das Schicksal jeder menschlichen Existenz sind. Die aktuelle Debatte um den Risikobegriff nährt falsche Vorstellungen von grenzenloser Unsicherheit. Wir sollten stets Italo Svevos profunde Erkenntnis aus »Zeno Cosini« im Gedächtnis behalten:

Das Leben erinnert wirklich ein wenig an eine Krankheit, mit ihren Krisen und Ruhepausen, mit ihren täglichen Besserungen und Verschlechterungen. Im Gegensatz zu allen anderen Krankheiten ist das Leben immer tödlich. Es verträgt keine Kuren. Das wäre ja, als wollte man alle Öffnungen des Körpers verstopfen, weil man sie für Wunden hält. Dann würde man, kaum geheilt, an Erstickung sterben.[1]

Das Leben selbst ist ein Risiko, weil nicht alles in seinem Verlauf kontrollierbar ist. Das um sich greifende Bemühen, allem vorzubeugen, das eng mit überzogenen Sicherheitserwartungen verbunden ist, hätte es eigentlich verdient, näher untersucht zu werden. Na-

---

1 Italo Svevo, Zeno Cosini, Reinbek 1974 (1959), S. 451.

türlich ist Vorsorge besser als Nachsorge, aber effizi-
ente Präventionstechniken sind nur in begrenzter Zahl
vorhanden und selten wirklich unfehlbar. Daher ist
auch die allgemeine Präventionsideologie zum Scheitern verurteilt. Der dieser Ideologie zugrunde liegende
innige Wunsch, die Gefahr ein für allemal zu bannen,
nährt eine Angst, die für die Moderne spezifisch sein
dürfte und sich nicht einfach auslöschen läßt. Ohne
*pathetisch* zu werden, ist es heilsam, an die Sterblichkeit des Menschen zu erinnern und daran, daß das
Wissen um seine Sterblichkeit für ihn den Beginn der
Weisheit bedeutet.

Wenn man jedoch die Vorstellung von absoluter Sicherheit verwirft, bedeutet das zugleich, daß in dem
*Sicherheitsbedürfnis eine notwendige Daseinsbedin-*
*gung des modernen Menschen zum Ausdruck kommt.*
Wie die ersten Denker der Moderne und insbesondere
Hobbes erkannt haben, bildet die Notwendigkeit, die
bürgerliche und die soziale Unsicherheit zu besiegen,
die Voraussetzung für den Pakt, der eine Gesellschaft
von Individuen begründet. In letzter Zeit wurde so
viel über die *bürgerliche Unsicherheit* gesagt und ge-
schrieben, daß ich mich auf das beschränken möchte,
was ich bereits zuvor angedeutet habe: daß nämlich
die Suche nach absoluter Sicherheit mit den Prinzipi-
en des Rechtsstaates in Konflikt geraten und daß sie in
eine Sicherheitshysterie umschlagen könnte, der letztlich alles und jeder verdächtig erscheint und die in der
Verurteilung von Sündenböcken mündet. Die abwe-
gige Vorstellung, die Jugendlichen aus den Vorstädten
bildeten so etwas wie eine »neue gefährliche Klasse«,
ist ein anschauliches Beispiel für eine derartige Ent-

gleisung. In dem Bedürfnis nach Sicherheit spiegelt sich jedoch eine Forderung, die nicht allein Sache von Polizisten, Richtern und Innenministern ist. Sicherheit sollte insofern ein Bestandteil der sozialen Rechte sein, als die Unsicherheit einen schweren Verstoß gegen den Gesellschaftspakt darstellt. Tag für Tag in Unsicherheit zu leben bedeutet, nicht mehr dazu in der Lage zu sein, Beziehungen zu seinen Mitmenschen aufzubauen, seine Umwelt als Bedrohung zu erleben und nicht als einen offenen Austausch. Diese Unsicherheit läßt sich um so weniger rechtfertigen, als sie ganz besonders jene Personen trifft, denen es auch an anderen Ressourcen (Einkommen, Wohnqualität, Leistungen, die sich aus einer abgesicherten sozialen Lebenssituation ergeben) am meisten mangelt, all jene, die eben auch Opfer sozialer Unsicherheit sind. Man muß die Frage nach den Ursachen – inwiefern ist die bürgerliche Unsicherheit eine Folge der sozialen Unsicherheit? – gar nicht klären, um zu erkennen, daß es eine starke Korrelation gibt zwischen einer täglich erlebten Bedrohung durch die Unsicherheit und dem Kampf mit den materiellen Schwierigkeiten des Lebens. Das ist Grund genug, um sich von einer gewissen Blauäugigkeit zu verabschieden und sich auf den Standpunkt zu stellen, daß die bürgerliche Unsicherheit energisch bekämpft werden sollte. Energisch, aber nicht mit allen Mitteln: Es ist nicht leicht, einen Kompromiß zwischen öffentlicher Sicherheit und Respekt vor den bürgerlichen Freiheiten zu finden.

Heute jedoch muß die Unsicherheit eben auch durch *Maßnahmen gegen die soziale Unsicherheit* bekämpft werden, also dadurch, daß das Sozialsystem weiterentwickelt und umgestaltet wird. Was bedeutet Sicherheit in einer modernen Gesellschaft? Die Sklaven waren geschützt, wenn sie keinen allzu schlechten Herrn hatten, und es lag nur im Interesse der Herren, ihren Sklaven zumindest das Notwendigste für ihr Überleben zur Verfügung zu stellen. In der partriarchalisch organisierten Gesellschaft waren Frauen, Kinder, Bedienstete geschützt. Oftmals wurden der alte Diener oder die treue Dienerin nicht einmal sich selbst überlassen, wenn sie von keinerlei Nutzen mehr waren. Patriarchale und mafiose Beziehungsstrukturen, Sekten und alle traditionalen Gemeinschaften bieten starke Sicherungssysteme, für die ihre Mitglieder allerdings mit dem Verlust ihrer Unabhängigkeit bezahlen. Das gibt der Erklärung Saint-Justs zur Zeit der Revolution ihren durch und durch modernen Klang:

Man sollte allen Franzosen die Möglichkeit geben, das Lebensnotwendige zu besitzen, ohne wechselseitige Abhängigkeit im bürgerlichen Staat und ohne von etwas anderem abhängig zu sein als von den Gesetzen.[2]

Nach Konflikten und sozialen Kompromissen, die sich über zwei Jahrhunderte erstreckten, hatte der Staat als National- und Wohlfahrtsstaat die über das Lebensnotwendige hinaus erforderlichen Ressourcen zur Verfügung gestellt, um (nahezu) allen ein Mindestmaß an Unabhängigkeit zu gewährleisten. Von einem sozialen Standpunkt aus bedeutet »abgesichert zu sein« in einer Gesellschaft der Individuen nämlich

---

2 Saint-Just, *Fragments sur les institutions républicaines*, in: Œuvres complètes, Paris (1831) 1984, S. 969.

gerade, *daß diese Individuen von Rechts wegen über minimale soziale Voraussetzungen für ihre Unabhängigkeit verfügen.* Soziale Absicherung ist damit die Grundlage dafür, daß sich eine – wie ich es in Anlehnung an Léon Bourgeois genannt habe – *Gesellschaft der Ähnlichen* bilden kann: eine Art gesellschaftliches Gebilde, aus dem niemand ausgeschlossen ist, weil jeder die notwendigen Ressourcen und Rechte besitzt, um mit allen anderen in Unabhängigkeit (und nicht nur in Abhängigkeit) zu leben. Das ist eine denkbare Definition einer sozialen Bürgerschaft. Es ist auch eine soziologische Formulierung dessen, was man in politischen Begriffen als Demokratie bezeichnet.

Seit einem Vierteljahrhundert ist dieses Sozialgebäude, das im Rahmen der Erwerbsarbeitsgesellschaft entstanden ist, bekanntlich brüchig geworden, und angesichts der Erschütterungen durch die zunehmende Marktdominanz verliert es weiter an Stabilität. Die Veränderungen greifen so tief und sind in einer Weise irreversibel, daß diese Strukturen unmöglich in ihrer jetzigen Form beibehalten werden können. Die Tragweite der Veränderungen zeigt jedoch auch, wie wichtig es ist zu versuchen, sie in dieser veränderten Situation neu zu begründen, denn ein Aufgeben hätte ernstzunehmende Folgen. Da auch ich kein Patentrezept vorschlagen kann, habe ich mich hier darauf beschränkt, die Bruchlinien der Konfiguration des Sozialsystems genauer aufzuzeigen, die letztlich sogar die Existenzbedingungen einer Gesellschaft der Ähnlichen in Frage stellen könnten. Um zu einer abschließenden Synthese zu gelangen: Ich habe den Eindruck, daß der eigentliche Kern der Problematik der Leistungen zur sozialen Absicherung heute *an der Schnittstelle zwischen Arbeit und Markt* zu verorten ist. Das wird anhand der zentralen Frage deutlich, die bereits Karl Polanyi formulierte und die nichts von ihrer Aktualität eingebüßt hat: Kann man (und wenn ja, inwieweit und wie) *den Markt domestizieren*? Im Zusammenhang mit der Bedeutung, die das soziale Eigentum für die Konstruktion einer Gesellschaft der Sicherheit besaß, wurde bereits darauf hingewiesen, daß die soziale Unsicherheit überhaupt nur durch eine gewisse Einhegung des Marktes besiegt werden konnte. Umgekehrt ist für die zunehmende soziale Unsicherheit durch die Erosion der Sozialleistungen, die an die Erwerbstätigkeit geknüpft waren, und die Destabilisierung des Lohnarbeitsverhältnisses vor allem auch der Umstand verantwortlich, daß die Arbeit zum Teil neuerlich den Marktgesetzen unterworfen ist.

Diese Bemerkungen dürfen allerdings nicht zu einer Verdammung des Marktes verleiten. Strenggenommen ist der Ausdruck »den Markt verdammen« ohnehin völlig sinnlos. Die zentrale Bedeutung des Marktes und die zentrale Bedeutung der Arbeit sind die wesentlichen Charakteristika einer Moderne, in der wir auch heute noch leben, auch wenn sich ihr Verhältnis grundlegend gewandelt hat, seit Adam Smith beider Bedeutung unterstrichen hat. Sicherlich entwickeln sich am Rande oder in den Nahtstellen der Marktwirtschaft interessante gesellschaftliche Experimente. Allerdings ist es ausgeschlossen und meiner Ansicht nach nicht einmal wünschenswert, daß sie eine umfassende Alternative zur Existenz des Marktes darstellen. Eine Gesellschaft ohne Markt wäre eine große *Gemeinschaft*, das heißt eine Art der gesellschaftlichen Organisation, von der uns die ältere und jüngere Vergangenheit lehrt, daß sie gemeinhin auf unbarmherzigen Herrschaftsstrukturen oder auf entwürdigenden paternalistischen Abhängigkeitsbeziehungen beruhte. Den Markt abschaffen ist eine durch und durch reaktionäre Option, eine Art rückwärtsgewandte Utopie, die bereits Marx verspottete. Moderne ist ohne Markt nicht denkbar.

Die Frage lautet daher, ob die Markthegemonie begrenzt, ob der Markt eingehegt werden kann. Im Rahmen der Erwerbsarbeitsgesellschaft war dies dank der großen und leisen Revolution, dank der Bildung des sozialen Eigentums als Kompromiß zwischen Markt und Arbeit unter staatlicher Schirmherrschaft, der Fall gewesen. Weder Markt noch Arbeitswelt, noch Staat haben heute dieselbe Struktur. Die Frage, wie sie miteinander zusammenhängen, stellt sich jedoch immer noch. Der nunmehr mobilen Arbeitswelt und dem unberechenbaren Markt müßte eigentlich ein *flexiblerer Sozialstaat* entsprechen. Ein flexibler und aktiver Sozialstaat – das ist mehr als eine rhetorische Floskel. Es ist ein Erfordernis (das nicht mit Gewißheit erfüllt werden kann): Eine staatliche Regulierungsinstanz ist mehr denn je notwendig, um die Anarchie des Marktes zu bändigen. Sollte der Markt ungeteilt herrschen, entstünde letztlich eine Gesellschaft, die in Gewinner und Verlierer, in Reiche und Arme, in Integrierte und Ausgeschlossene zerfiele: das Gegenteil einer Gesellschaft der Ähnlichen.

Will man sich der Unsicherheitsproblematik wirk-

lich stellen, gilt es gleichermaßen die bürgerliche wie
die soziale Unsicherheit zu bekämpfen. Gegenwärtig
herrscht ein breiter Konsens darüber, daß eine starke
staatliche Präsenz vonnöten sei, um die bürgerliche Sicherheit (die Unversehrtheit von Eigentum und Personen) zu gewährleisten: Der Rechtsstaat muß verteidigt
werden. Dasselbe sollte eigentlich auch für den Kampf
gegen die soziale Unsicherheit gelten, weil der Sozialstaat ebenfalls gerettet werden müßte. Eine »Gesellschaft von Individuen« kann nicht existieren – es sei
denn, die Individuen sind voneinander getrennt oder
atomisiert –, ohne daß öffentliche Regulationssysteme
im Namen der Solidargemeinschaft dafür Sorge tragen,
daß das Allgemeinwohl Vorrang vor der Konkurrenz
privater Interessen hat. In einer Welt, die gleichzeitig
von einem Individualisierungsprozeß und einer Mo-
bilitätsnorm geprägt ist, muß diese öffentliche Instanz
oder besser: müssen diese zentralen, lokalen, nationa-
len und transnationalen Instanzen noch ihren *modus
operandi* finden. Das ist – vorsichtig formuliert – keine leichte Aufgabe, da wir es gewohnt sind, uns die
Staatsmacht als Gebilde großer, homogener Regelwer-
ke in einem nationalstaatlichen Rahmen vorzustellen.
In der jetzigen Situation dürfte dies allerdings die einzige passende Antwort auf die Frage sein: »Was bedeutet es, in Sicherheit zu leben?«

**Zum Autor:**

Robert Castel ist Forschungsdirektor an der Pariser École des Hautes Études en Sciences Sociales.
Auf deutsch erschienen von ihm »Das Verschwimmen der sozialen Klassen«, in: Joachim Beischoff u. a. (Hg.), Klassen und soziale Bewegungen, Hamburg 2003, und »Die Metamorphosen der sozialen Frage«, Konstanz 2000.